イスラームを知る
20

ムスリマを育てる

インドネシアの女子教育

Hattori Mina
服部美奈

ムスリマを育てる　インドネシアの女子教育　目次

監修：NIHU(人間文化研究機構)プログラム　イスラーム地域研究

ムスリマたちとの出会い

「ムスリム」は、神に帰依する者を意味するアラビア語で、イスラーム教徒を指す。また「ムスリマ」はその女性形で、女性のイスラーム教徒を指す。

本書『ムスリマを育てる――インドネシアの女子教育』は、イスラーム社会のなかでムスリマがどのように育ち、また、教育を受けて成長していくのかを、インドネシアを中心にみていこうとするものである。現在、世界のムスリム人口は推定一六億ともされ、ムスリムが暮らす地域も中東だけでなく、世界各地に広がる。これらの地域でイスラームは、その土地の文化と融合しながら発展した。東南アジアには世界のムスリム人口の約二割が居住しており、なかでもインドネシアは二億をこえるムスリムが暮らす、世界最大のムスリム人口を擁する国である。

筆者がムスリマの教育に関心をいだくようになってから、すでに二〇年余りになる。研究を始めたばかりの一九九〇年代前半にインドネシアをはじめて訪れて、まず驚いたことは、フィールドで出会うムスリマたちの華やかでいきいきとした姿であった。それは、これまでメディアをとおして固定的に語られてきた、ムスリマのイメージとはおよそかけ離れていた。彼女たちは自分が女性であることに誇りをもち、社会のなかで積極的に活躍するムスリマだった。とりわけ、筆者にとって不思議だったのは、活躍する彼女たちは決してイスラームの教えから離れるのではなく、むしろクルアーン〈コーラン〉とハディース〈預言者ムハンマド〈五七〇頃〜六三二〉の言行録〉の教えに深く共鳴し、それらを人生のかけがえのない指針としていることであった。社会的な活躍と女性としての規範が彼女たちのなかでどのように解釈され、自らの人生の指針がかたちづくられていくのか。それをできるかぎり忠実かつ正確に描き出さなければ、歪《ゆが》んだムスリマのイメージを伝えてしまうであろうことを実感した。

とはいえ、フィールドで出会うムスリマの生き方を学問として研究する作業は、非常に難しい。安易な一般化は避けなければならない。ムスリマは、さまざまな場面で多様なジェンダー・メッセージを受け取りつつ、自らの生き方を選択していく。筆者がつねに留意しなければならなかったのは、ムスリマに対するさまざまな言説であると同時に、ムスリマ自身の異なる受け止め方であった。さらに、一人のムスリマでも、年齢やそのときの社会環境のなかで自らの生き方をつねに調整・修正しながら生きているということであった。

アラビア語で「コドラット」は、神によって決められた人間の先天的な特性を意味する。

そこには男女の先天的な違いも含まれている。つまり、社会的・文化的につくられる性差を意味するジェンダーとは基本的に異なる概念である。そのため、イスラームにおける性を考えるさい、このコドラットという概念が重要となる。ところが、イスラーム教育をとおしてムスリマに伝達される性役割や性差に関するメッセージを詳細にみていくと、介在するウラマー(イスラーム学識者)や教師の考え方によって大きな差異があることに気付かされる。つまり、ムスリマがイスラーム教育のなかで学びとる価値や規範は、使用されるテクストや教え手の解釈、あるいは社会空間で求められるムスリマとしての行動規範などに大きく左右されている。そして、伝達される価値や規範は、しばしば相反・矛盾を内包していることも多い。

そのため、たまたまクルアーンの一つの章句やハディースを取り上げて、そこに男性優位思想があるとか、母としての女性を重視する良妻賢母思想があるとか安易に結論づけるべきではない。このことから本書では、できるかぎり、現実の多様性を描くことが重要であると考えている。

イスラームとジェンダーに関する研究は、二〇〇〇年以降、東南アジアにおいても着実に発展している。インドネシアではとくに、婚姻法の改正や女子割礼《かつれい》、家庭内暴力、トラフィッキング(性的搾取《さくしゅ》などのために女性や児童を取り引きする行為)といった問題について活発に議論されており、このようなトピックに関連した研究も蓄積されつつある。以下、東南アジアにおける研究の動向をまとめておきたい。

第一に、シンガポールの東南アジア研究所（ＩＳＥＡＳ）[1]は、一九六八年の設立以来、東南アジア地域研究を英語で発信する重要な拠点の一つであり、ＩＳＥＡＳから刊行されるイスラーム関連の書籍が充実してきている。例えば、『東南アジアのイスラームの声』[2]はユニークな一冊である。同書は二部構成をとり、第Ⅰ部には東南アジア各国別の研究動向が、第Ⅱ部には収集された一次資料の抜粋が掲載され、それに対する執筆者の短い解説が付けられている。抜粋された一次資料は六つのトピックに分類されており、そのトピックの一つが「ジェンダーと家族」である。同書のタイトルが示すとおり、ここにはイスラームと女性をめぐるさまざまな声が掲載されている。また、『東南アジアのジェンダーの傾向』[3]は、東南アジアにおけるジェンダー問題の動向について論じたものである。同書でブラックバーンは東南アジア政治研究におけるジェンダーの研究動向を、モハマドは女性の権利という観点からインドネシアとマレーシアにおけるイスラームの政治化を考察している。

第二に、オーストラリアが発信する東南アジア・イスラーム研究も成果をあげている。オーストラリア・アジア研究協会（ＡＳＡＡ）[4]によってラウトレッジから刊行されたイス

[1] 正式名称は Institute of Southeast Asian Studies である。

[2] Fealy, Greg and Virginia Hooker (eds.), *Voices of Islam in Southeast Asia: A Contemporary Sourcebook,* Singapore: ISEAS, 2006.

[3] Devasahayam, Theresa W. (ed.), *Gender Trends in Southeast Asia: Women Now, Women in the Future,* Singapore: ISEAS, 2009.

[4] 正式名称は Asian Studies Association of Australia である。

[5] Bennett, Linda Rae, *Women, Islam and Modernity: Single women, sexuality and reproductive health in contemporary Indonesia* (*ASAA, Women in Asia Series*), Routledge, 2005, Robinson, Kathryn, *Gender, Islam and Democracy in Indonesia* (*ASAA, Women in Asia Series*), Routledge, 2009, Nurmila, Nina, *Women, Islam and Everyday Life: Renegotiating polygamy in Indonesia* (*ASAA, Women in Asia Series*), Routledge, 2009 など。

ラームとジェンダーに関する研究書や、ラウトレッジ・アジア・ジェンダー研究叢書[5][6]などがある。

第三に、インドネシア人研究者による研究の発展が注目される。インドネシア人研究者によるイスラームとジェンダー研究が本格的に着手されたのは一九九〇年代に入ってからのことで、それを先導したのはマスウディとオランダ人のインドネシア研究者ファン・ブライネッセンである。[7]近年の成果としてはマルフマ、イフサヌディンらの研究がある。マルフマのものは、[8]インドネシア・ジョグジャカルタの二つのイスラーム寄宿塾を対象に、そこで学ぶ女子生徒のジェンダー形成を詳細に調査したものである。またイフサヌディンらの研究は、[9]イスラーム寄宿塾での新しいイスラーム法の学習をとおして女性の性と生殖の諸権利を理解するための一つの指針ともなっている。

二〇〇〇年以降の研究に共通する特徴は、イスラームとジェンダーの問題を教義面から静態的に分析するのではなく、個人のレベルでいかにイスラームとジェンダーが認識・実践されているかを動態的にとらえようとしている点にある。本書は、前述した研究のスタンスとこれらの先行研究の成果を参照しながら、以下の構成とした。

第1章では、ムスリマの教育を考える前提として、幼少期におこなわれるイスラーム教育と産育儀礼をみる。そこには、イスラームの人間形成の原型がよくあらわれて

6 Graham Davies, Sharyn, *Gender Diversity in Indonesia: Sexuality, Islam and Queer selves* (*Routledge Research on Gender in Asia Series*), Routledge, 2010, Van Wichelen, Sonja, *Religion, Politics and Gender in Indonesia: Disputing the Muslim body* (*Routledge Research on Gender in Asia Series*), Routledge, 2010.

7 Mas'udi, Masdar F., Perempuan di antara Lembaran Kitab Kuning, In Marcoes-Natsir, Lies and Johan Hendrik Meuleman(eds.), *Wanita Islam Indonesia Dalam Kajian Tekstual dan Kontekstual,* Jakarta: INIS, 1993, Van Bruinessen, Martin, *Kitab Kuning: Pesantren dan Tarekat,* MIZAN, 1995.

8 Marhumah, Ema, *Konstruksi Sosial Gender di Pesantren: Studi Kuasa Kiai Atas Wacana Perempuan,* Yogyakarta: LKiS, 2011.

9 Ikhsanudin, Mohammad Najib, Sri Hidayati(eds.), *Panduan Pengajaran Fiqh Perempuan di Pesantren,* Yogyakarta: Yayasan Kesejahteraan Fatayat, 2002.

いると考えるからである。その包括的な構造に注目して、インドネシアにおけるイスラーム的な人間形成のかたちを考察する。

第2章では、一九一〇年代まで遡り、ムスリマの教育が歴史的にどのように議論されてきたのかをみる。インドネシアでは一九一〇年代になると、いくつかのイスラーム寄宿塾が女子に門戸を開放するようになる。その背景にはエジプトに端を発したイスラーム改革運動の思想的影響とオランダ植民地支配への抵抗があった。第2章ではこれらの展開を追うこととする。

第3章では、インドネシアにおけるムスリマの教育の現在をみる。オランダからの独立後、国民教育が整備されていくなかで、女子が教育を受ける環境は向上し、ムスリマの選択肢もふえた。前半ではイスラーム寄宿塾におけるムスリマの教育に焦点をあて、後半では就学率の向上や選択肢の多様化にみられるムスリマの教育の現在について考察する。

第4章では、ムスリマの教育を変革し、インドネシア社会でジェンダー公正を実現するための実践を取り上げる。近年のムスリマたちの活躍の背景には、ジェンダー公正をめざす人々による熱心な活動があり、第4章ではそれについて考察する。

これらの考察をとおして、インドネシアにおけるムスリマの教育がこれまでどのように展開し、これからどこに向かっていこうとしているのかを考えたい。

第1章　イスラーム的な人間形成

よきムスリムになるための宗教学習

本章では、主題となるムスリマの教育を考える前提として、幼少期におこなわれる宗教学習と産育儀礼をみておきたい。なぜならば、そこにはイスラームの人間形成の原型がよくあらわれているためである。イスラーム社会が維持している豊かな人間形成機能は、学校でおこなわれる教育の土台を形成しており、それを語ることなしに、イスラーム的な人間形成のあり方を理解することはできない。

ムスリムの子どもたちは、どのようにしてイスラームの基本的な信仰行為を学ぶのだろうか。インドネシアでは、初歩的な段階のイスラーム教育を「プンガジアン・クルアーン」、より高度な段階のイスラーム教育を「プンガジアン・キタブ」と呼ぶ。

通常、男子も女子も小学校に入学するころ、つまりおよそ七歳になると初歩的な宗教学習を開始し、アラビア文字やクルアーン読誦、礼拝などを学びはじめる。そして、小学校を卒業する一二歳ころまでにはムスリムとしての基本的な知識と実践を身につける。これがプンガジアン・クルアーンの段階である。

さらに高度なイスラーム諸学を学習する段階がプンガジアン・キタブで、この主たる学習の場が、「プサントレン」と呼ばれるイスラーム寄宿塾である。伝統的なイスラーム寄宿塾では「キヤイ」と呼ばれる主宰者の専門性に応じて、ハディース学[1]やクルアーン解釈学[2]、イスラーム法学[3]、タリーカ[4]などを詳しく教える。それぞれのイスラーム寄宿塾の専門性が異なるため、「サントリ」と呼ばれる学徒たちは、一つのイスラーム寄宿塾での学習を終えると、次のイスラーム寄宿塾へと遍歴《へんれき》しながらイスラーム諸学を深める。主宰者自らもイスラーム寄宿塾出身者であり、このような伝統的イスラーム教育機関の目的は、宗教知識の伝達とイスラーム伝統の保持、そしてウラマー養成の拠点として奉仕することにある。

初歩的な段階のプンガジアン・クルアーンは地域と時期によって若干の違いはあるものの、基本的な学習の内容や形態はインドネシア全体で共通している。マフムド・ユヌスは十九世紀末の西スマトラにおけるプンガジアン・クルアーンのようすを記述している。それによると、子どもたちはまずアラビア文字の学習から始め、文字を覚えたらクルアーン読誦の学習にはいる。クルアーン読誦は、内容の理解よりもアラビア語の音を正しく発音

1 ハディースの真偽を識別するために，預言者ムハンマドが語った言葉(マトンと呼ばれる部分)とそれが伝承者によって伝えられた経路(イスナードと呼ばれる部分)を検証する学問。

2 クルアーンの章句の意味を解釈する学問。タフスィール学。

3 神によって定立された，ムスリムが遵守《じゅんしゅ》すべき規範の体系を論じる学問。フィクフ。

4 神との合一をめざす修行の道程・修行方法。タリーカは「真理へいたる道」をさす。

▲農村部の礼拝所でクルアーン読誦を学ぶ子どもたち（西スマトラ州パリアガン村，1995年）

▲クルアーン学習教室でアラビア文字を学びはじめた子どもたち（西スマトラ州パダンパンジャン，1995年）

▲イスラーム寄宿塾でキタブ（アラビア語で書かれた宗教書）**を学ぶ女子サントリ**　間仕切りによって男女が分かれている（西ジャワ州，2010年）。

▲イスラーム寄宿塾でキタブを学ぶ男子サントリ（西ジャワ州，2010年）

▲クルアーン学習教室に集まる子どもたち　それぞれクルアーンを持参し，都市部のモスクに付設する教室へ通う（西スマトラ州パダンパンジャン，1994年）。

することに主眼がおかれた。そして、クルアーン読誦だけでなく礼拝前の浄《きよ》めや礼拝などの基本的な信仰行為、道徳・倫理についても学ぶ。日々の礼拝は導師の指導のもと、実践的に教えられ、道徳・倫理については預言者や信心深い人物に関する話、そして導師の模範的な行動のなかで教えられた。[5] プンガジアン・クルアーンが子どもの人間形成に与える影響は非常に大きいものであったとされる。このように、インドネシアでは遅くとも二十世紀にはいる前から、よきムスリムになるための基本的な学習の場が提供されていた。[6]

プンガジアン・クルアーンの基本的なかたちは今も同じである。ただし現在は、村の導師のところに集まる形態は少なくなり、村や町のモスクに付設するクルアーン学習教室がその場所になっている。子どもたちは小学校にかよう一方で、午後三時すぎから夕方までほぼ毎日、このクルアーン学習教室にかよう。また、インドネシアでは一九九〇年代以降、従来の方法よりも短期間でクルアーン読誦を修得できる速習法の開発も活発になっている。[7] 現在、インドネシアでもっともポピュラーなクルアーン読誦速習本は『イクロ』六冊本である。時代をへて、学習の場や学習方法に変化はみられるものの、プンガジアン・クルアーンが幼少期のころからよきムスリムを育てる学習の基礎を提供していることにかわりはない。

じつは、よきムスリムになるための道すじは、ハディースにも示されている。信仰行為

5 Mahmud Yunus, *Sejarah Pendidikan Islam di Indonesia,* Third Edition, Mutiara Sumber Widya, 1992.

6 ムハマッド・ラジャブ(加藤剛訳)『スマトラの村の思い出』(めこん, 1983年)は, 1913～28年にかけてインドネシアの西スマトラで幼年期を過ごした著者(1913～70)の生活誌であり, 当時のイスラーム教育についても描かれていて興味深い。

7 中田有紀「インドネシアにおけるイスラーム学習活動の活性化——大学生の関与とそのインパクト」『アジア経済』第46巻第1号, 2005年, 35～52頁。

の基本となる礼拝について、親は子どもが七歳に達した時点で礼拝をするように命じ、一〇歳に達した時点で必ず礼拝をさせるべきとしている。次のハディースはそれを示すものである。

子どもたちがすでに七歳になったら礼拝をするよう命じなさい。そして、彼らが一〇歳になっても礼拝したがらなければ彼らを叩き、寝床を離しなさい。[8]

非アラビア語圏のムスリムが礼拝をおこなうためには、アラビア文字とクルアーン読誦を修得することが必須である。このため、インドネシアではプンガジアン・クルアーンが発展したといえる。プンガジアン・クルアーンはおよそ小学校卒業まで継続され、クルアーン修了式(ホッタム・クルアーン)によって修了する。

産育儀礼のなかの子ども

次に、家族や親族、そして地域でおこなわれるムスリムのための産育儀礼についてみておきたい。ここでの産育儀礼とは、クルアーンとハディースにもとづき、子どもの成長に関連してイスラーム社会でおこなわれる儀礼と定義しておく。プンガジアン・クルアーンと同様、産育儀礼は子どものムスリムの人間形成に深い影響を与えており、儀礼にはイスラームの発達観や子ども観が内包されている。ここでは、およそ小学校卒業までの儀礼を

8 Abdullah Nashih Ulwan, *Pedoman Pendidikan Anak dalam Islam,* Vol.1, Semarang: CV ASY-SYIFA, 1993(原典：Abdullah Nashih Ulwan, *Tarbiyatu'l-Aulad fi'l-Islam,* Kairo: Daru's-Salam Li'th-Thiba'ah wa'n-Nasyrwa't-Tauzi, Third Edition, 1981).

中心に、⑴新生児に対する「アザーン」[9]と「イカーマ」[10]、⑵生後七日目の儀礼、⑶割礼《かつれい》、⑷クルアーン修了式について取り上げる。また、産育儀礼は地域の文化と融合して発展しており、儀礼の方法や有無は地域によって異なるため、ここでは主としてスマトラとジャワの事例を紹介する。

⑴新生児に対するアザーンとイカーマ

誕生直後、新生児の右側の耳元でアザーン、左側の耳元でイカーマを、多くは父親あるいは男性の近親者がささやく儀礼である。アザーンではまず「アッラーは偉大なり」という言葉が繰り返される。そして、アッラー以外に神は存在しないこと、ムハンマドは預言者であることが証言される。

じつはこの内容は、人間が誕生する前にアッラーに対して証言したとされる内容にそのまま重なっている。イスラームの教えのなかでは、受胎してから一二〇日目にアッラーが胎児に魂を吹き込むとされる。そして、すべての魂は人間として誕生する以前の霊界で、一つの約束をするようアッラーから勧められるという。この問答は以下のクルアーンの章句にみられる。

アッラーは人間の魂たちに質問する。「この私はおまえの神か」
人間の魂たちは答える。「はい。私たちは証言いたします」

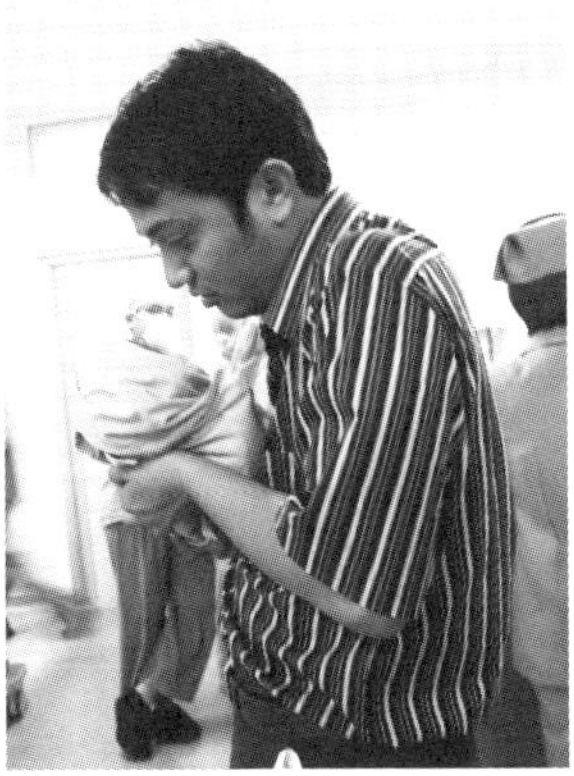

▶**新生児にアザーンをささやく父親**
（中部ジャワ州スマラン，2012年）

〔高壁章第一七二節〕

アザーンとイカーマは、現世に誕生してほどこされる最初のイスラームについての教えであり、「アッラーのもとから来て、ふたたびアッラーのもとへ帰る」人間の存在を、誕生にさいして確認する行為となる。同時に、この証言はイスラームにおける五行第一番目の信仰告白（シャハーダ）と同様の内容でもある。

この儀礼に関するハディースとして、「私はファーティマ[11]が出産したとき、預言者がハサン・ビン・アリーの耳にアザーンをささやいたところを見た」、「新生児を授かった者が、新生児の右耳にアザーン、左耳にイカーマをささやけば、その新生児は悪魔（ジン）[12]の危険に遭わずにすむであろう」などがある。

筆者が見聞したかぎりではあるが、インドネシアでは広くおこなわれる儀礼であり、病院や産院で妻の出産を待つ夫が、出産後いち早く新生児を抱き、アザーンとイカーマをささやくほほえましい風景がみられる。

(2)生後七日目の儀礼　新生児誕生から生後七日ごろまでに奨励される儀礼として、新生児の上顎《うわあご》の内側をナツメヤシあるいは甘い食べ物でこすること、新生児の髪を剃ってそれと同じ重さの銀を貧しい人々に分け与えること、命名すること、山羊を供犠《くぎ》すること（「アキカ」といわれる）があげられる。

9　礼拝への呼びかけを意味する。アザーンで唱えられる言葉と回数は以下のとおりである。①アッラーは偉大なり（２回），②アッラー以外に神はなしと私は証言する（２回），③ムハンマドはアッラーの使徒であると私は証言する（２回），④礼拝のために来たれ（２回），⑤成功のために来たれ（２回），⑥アッラーは偉大なり（２回），⑦アッラー以外に神はなし（１回）。

10 礼拝が始まる直前に小声で唱えられるもの。アザーンと意味する内容は同じだが，唱える回数はアザーンの半分である。

11 預言者ムハンマドの末娘。第４代カリフとなったアリー（預言者ムハンマドの従弟）と結婚し，ハサン，フサインという預言者直系の男子の母となった。

12 アラビア語で Ummu sh-Shibyan。子どもに向かって吹く風で，子どもはそれを恐れるとされる。ここでいう風は，悪魔の追従者の婉曲的な表現である（Abdullah Nashih Ulwan, 前掲書）。

この儀礼に関するハディースとして、「私は一人の子どもを授かった。預言者のもとへ連れていくと、子どもをイブラヒムと命名し、一粒のナツメヤシで子どもの上顎の内側をこすり、祝福の祈りを捧げた。その後、預言者は私に子どもをもどした」、「ファーティマはハサン、フサイン、ザイナブ、ウンム・クルストゥンの髪を秤にかけ、髪と同じ重さの銀を喜捨した」、「預言者はいった。すべての子どもにとってアキカは義務である。誕生から七日目に供犠し、同じ日に命名し、髪を剃りなさい」、「預言者はいった。男児の場合は同じ年齢で同じかたちの二頭の山羊を供犠し、女児の場合は一頭の山羊を供犠しなさい」などがある。

ミナンカバウ民族が居住するインドネシア・西スマトラでは、「トゥルン・マンディ」（原語の意味は「〈川での〉沐浴《もくよく》におりる」）と呼ばれる儀礼が、臍《へそ》の緒が自然にとれるころ、つまり誕生後七日から二週目ごろにおこなわれている。母親は民族衣装をまとって新生児を抱き、大勢の女性親族にともなわれて母方の家から近隣の沐浴場へ向かう。そこで新生児に沐浴をほどこす。その後、ふたたび新生児を抱いて家にもどり、村の導師によって儀礼が執りおこなわれる。

儀礼では、導師が五行の第一番目である信仰告白を新生児にかわってつぶやく。これは前述した父親によるアザーンと同じ意味をもつ。そして、名づけられた子どもの名前を新

[13] 1日5回の礼拝とは異なり，都度おこなわれる神への願いごと。

[14] 断食明けの大祭とともにイスラームの二大祭の一つで，巡礼月10日におこなわれる。イード・アル＝アドハー。集団礼拝のあと，動物の供犠をおこなう。

生児にささやく。次に、砂糖・塩・唐辛子・ゆで卵の黄身・炊いたご飯など、この地域の基本的な調味料と食べ物を新生児の唇に順につける。この行為は、ムハンマドが新生児の上顎にナツメヤシをこすりつける儀礼のミナンカバウ版なのか、イスラーム的な意味づけはとくにないのか、定かではない。その後、新生児の髪を少しだけ切り、サトウキビの皮で髪を梳《す》いたあと、バナナの葉で頭をなでる。最後に導師が家族・親族を先導し、子どもの健康と幸福を祈願する。ここではクルアーンのなかからいくつかの章句が読まれ、祈り(ドゥアー)[13]がおこなわれる。

同地域では、この儀礼のさい、経済的に余裕のある家族は同時に山羊を供犠しアキカをおこなう。供犠についてはハディースの伝承のとおり、男児の場合は山羊二頭、女児の場合は山羊一頭とされる。しかし、アキカには経済的な負担がともなうことから、筆者が一九九五年と二〇一三年におこなった調査では、兄弟の結婚式や犠牲祭[14]、男子の場合は後述する割礼など他の行事とあわせておこなわれるケースも多々みられた。筆者が出会ったアキカの

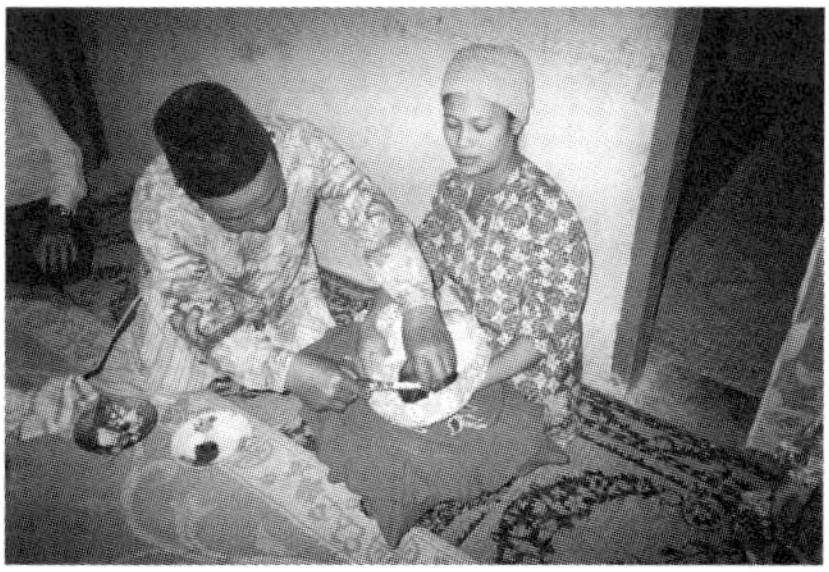

◀**新生児の髪を切る村の導師**(西スマトラ州パリアガン村, 1995年)

▶**新生児の幸せのために祈りを捧げる村の導師**(西スマトラ州パリアガン村, 1995年)

なかでもっとも時期が遅かったのは、父と父の兄弟のアキカが、犠牲祭とともにおこなわれたケースである。そのような場合には、誕生と成長に感謝するという意味は保たれつつも、誕生七日目におこなう意味はなくなっている。

(3)割礼

割礼は男子の場合、男性器の包皮を環状に切除する施術で、シャーフィイー学派[15]では義務(ワジブ)とされる。女子の場合は地域によって異なるものの、インドネシアでは陰核の包皮のみ、もしくは陰核そのものを切除する方法、または象徴的に刃をあてるのみといった方法がとられ、イスラーム法上は義務と解釈される場合もあるが、一般には高潔な行為(マクルマ)とみなされる。インドネシアでは女子の場合、同時に耳にピアスをつける習慣がある。

施術の時期や方法は地域によって異なるが、男子は小学校の高学年、つまり一〇歳から一二歳が一般的で、遅くともバリフ(バーリグ)の前までにおこなわれる。バリフとは、男子は精通、女子は初潮以後の段階を指し、イスラーム法に従って生きる義務が生ずる発達段階にあたる。すなわち、バリフに達したムスリムに対してはイスラーム法が適用されるようになる。このことから、バリフという概念は子ども期から成人期への発達段階の移行を意味し、男子割礼は幼児期から身体的な大人への通過儀礼としての意味合いが強い。ハディースには、「人間は、すでにバリフをへたのち、アッラーと預言者の道に反した場合

15 スンニ派四法学派の一つ。シャーフィイー学派はインドネシアの主流学派。

にはじめて罪の報いを受ける」という預言者の伝承がある。[16]

一方、女子の場合は生後三カ月から半年の間におこなわれる場合が多く、男子の割礼が家族やコミュニティの成員を招いて盛大に祝うのに対し、女子は祝わないのが普通である。近代的な病院が普及する以前は、男子の場合は割礼師、女子の場合は村の産婆により各地域でおこなわれていたが、近年は病院で施術する場合も多くなっている。

(4)クルアーン修了式(ホッタム・クルアーン)　七歳ころから始められたプンガジアン・クルアーンの修了式を意味する。この儀礼に関しては、クルアーンにもハディースにも関連する章句や言行録はないが、インドネシアでは盛大におこなわれる。イスラーム文化圏のなかでも、とくにアラビア語を母語としない地域でおこなわれる儀礼であろう。アラビア語を母語としない子どもたちがクルアーンを読誦できるようになるためには、幼少期からの努力と周囲による支援が必要となる。この儀礼は、ムスリムとして生きる子どもにとって成長の節目となる重要な行事であり、クルアーンについての基礎知識と読誦する技能が身についたことをお披露目する機会となっている。

子どもたちはクルアーン修了式にさいして、新調したおそろいの華やかな服を身にまとう。一生に一度のハレの日だからである。通常、小学校高学年の子どもが修了式に参加する。

[16] Zaini, Syahminan, *Arti Anak Bagi Seorang Muslim*, Surabaya: al-ikhlas, 1982.

クルアーン修了式の前半では、修了式に臨む子どもたちが本当にクルアーンを読誦できるようになったかが、実際に人々の前で試される。子どもたちは、モスクに集まった家族や親族、住民の前で一人ずつクルアーン読誦をおこない、住民から選ばれた審査員から合格のお墨付きをもらってはじめて修了となる。その後、無事合格した子どもたちは、自分のクルアーンを胸にかかえて村や町をねり歩く。インドネシアではそれぞれのモスクが自前の鼓笛隊《こてきたい》をもっていることが多く、晴れて合格した子どもたちは、子どもたちによって編成される鼓笛隊に先導されながら賑やかな行進に参加する。

産育儀礼のなかの発達観と性差

ここまでみてきたように、よきムスリムになるための宗教学習や産育儀礼には、知識に対するイスラームの考え方や子ども観が反映されている。

第一に、イスラームの教えのなかでは、知識をもつことの重要性がクルアーンやハディースのなかで繰り返し説かれている。「知識を求

▶**クルアーン修了式を終え，行進する子どもたち**(西スマトラ州パンダイ・シカット村，1995年)

◀**クルアーン修了式でウェディングドレスをまとう子どもたち**(西スマトラ州パヤクンブ，2012年)

めることは、男女を問わず、すべてのムスリムの義務である」、「人々のうち、知識ある者のみ真にアッラーを恐れる」(創造主章第二八節)といった章句はその典型である。さらに、知識を求める学問の旅が奨励される。よきムスリムになるための宗教学習や産育儀礼は、まさによきムスリム成人になるための土台を築くものであり、幼少期からの知識の修得や信仰行為の実践が重要であることを示している。

第二に、前述のようにイスラーム法ではバリフを境に子どもと成人が区別される。イスラームに関する基本学習がクルアーン修了式によって終わる時期、そして男子が割礼をすませる時期は、ちょうど小学校を終える時期であり、第二次性徴をむかえる前のバリフにはいる準備段階と重なっている。つまり、バリフにはいるための準備が、イスラームに関する基本学習と産育儀礼によって完成するように設計されているのである。

このことはジェンダーという観点からも重要である。これまでみてきたようにイスラームにおける子どもの位置づけに、基本的には性差はない。しかし一方で、アキカにおける山羊の供犠の数や、割礼の時期と方法には差異がみられる。人間としての平等と性差にもとづく対応の違いという二本の柱は、イスラームにおける基本的な姿勢である。

ここで、女子割礼の実施と方法に関する近年のインドネシアの動向について付記しておきたい。二〇〇七年、保健省は保健医療従事者による女子割礼の施術を禁止する通達を出した。ところがそれに対し、インドネシア・ウラマー評議会[17]は、二〇〇八年第九A号法学裁定(ファトワ)をとおして強く反発した。同評議会によれば、女子割礼は高潔な行為であり、よって女子割礼の禁止はイスラーム法に反するとみなした。同評議会の法学裁定を受け、二〇一〇年、保健省は最終的に女子割礼を禁止する省令を翻《ひるがえ》す、女子割礼に関する保健省令二〇一〇年第一六三六号を公布した。ただし、女子割礼は女性擁護の観点を鑑《かんが》みておこなわれなければならないことを省令では同時に示している。つまり、女性の健康と安全を保障するために、割礼は医療的専門性とサービスの基準を満たしたかたちで実施されなければならないことが示された。

保健省は、「女子割礼は陰核を傷つけることなく、陰核の前面部分を覆っている皮にメスをいれる行為」であるとし、施術をおこなう医療従事者は、正規の医学教育を受けた正しい知識と技術をもつ者(医師・助産師・看護師)にかぎられるとした。同時に、施術のさいには女性の医療従事者が優先されること、さらに施術は本人・両親・親族代表者からの依頼および許可があるときのみ実施されることが定められた。

人間としての平等と性役割の概念

イスラームの教えのなかでもっとも重要なのは、信仰する人間の平等性であり、それは

[17] 1975年に設置された半政府機関。同評議会が出す法学裁定は「公的な法学裁定」といえるが法的拘束力はない。小林寧子『インドネシア——展開するイスラーム』(南山大学学術叢書)名古屋大学出版会，2008年。

性差の別なく尊重されるべきものである。信仰する人間の平等性については、クルアーンのなかの多くの章句で言及されている。例えば、その一つが以下の章句である。

男性、女性にかかわらず、善行をおこない、信仰する者に対して、この世でよい生活をその者に与えよう。一方、来世では現世でおこなった善行よりもはるかにすばらしいものを与えよう。

〔蜜蜂章第九七節〕

この章句には、信心深く善行をおこなった者に対しては、男女を問わず神からの報いがあることが示されており、その意味で男女は人間として平等であることが理解される。しかし、そのことは男女の扱いがまったく同じであることを意味しない。やはり男性と女性は異なるのであり、その違いへの対応も必要であるというのがイスラームの基本的な考え方である。これを端的にあらわすのが、二頁で紹介したコドラットという考え方ではないかと筆者は考えている。繰り返しになるが、コドラットは、神によって決められた人間の先天的な特性を意味し、そこには男女の先天的な違いも含まれている。例えば次の章句は、ジェンダーの問題と関わるものとして、しばしば引用される。

男性は女性の擁護者（家長）である。それはアッラーが、一方を他よりも強くなされ、彼らが自分の財産から（扶養するため）、経費を出すためである。

〔女性章第三四節〕

この章句の解釈は多様であるが、少なくとも現世での男性と女性の役割が異なることを示している。そして、この背景には、神が男性と女性に与えたコドラットの違いがあると考えられている。

学校のなかのイスラーム教育

以上みてきたように、イスラームの人間形成の土台は、家族や親族、そしてムスリム社会がもつ人間形成機能によって維持されている。そして、その上に学校が位置づけられている。学校は、土台となる前述の人間形成機能のなかに位置づけてみてはじめて、その機能と役割が理解される。次に、ここでは独立後のインドネシアにおける教育制度とそのなかでおこなわれているイスラーム教育を概観しておきたい。

インドネシアでは、教育文化省が管轄するスコラと呼ばれる一般学校のほかに、宗教省が管轄するマドラサと呼ばれるイスラーム学校がある。イスラーム学校には国立もあるが、多くは民間によって設立された私立学校である。学校教育は六－三－三－四年制をとり、小学校と中学校をあわせた九年間が義務教育である。また、宗教省が管轄するイスラーム高等教育機関もある。

イスラーム学校の場合はムスリム服の着用が義務づけられており、女子生徒は長袖のカッターシャツと踝《くるぶし》まで隠れる丈長のスカート、頭にはジルバブと呼ばれるスカーフを着用する。なお、一九九一年の制服規定改正により、一般学校にかよう女子生徒もムスリム服の着用が認められるようになり、服装の問題でどちらの学校を選択するかの問題はなくなった。

一九九四年から義務教育達成に向けての取り組みが進められ、小学校だけでなく中学校の就学率も着実に向上している。統計局のデータによれば、二〇一〇年度の純就学率は小学校で九四・九%、中学校で七一・六%となっている。男女差はほとんどない。ただし、インドネシアは広大な国土を有する島嶼《とうしょ》国家で地域差が大きいため、地域ごとの就学率に大きな隔たりがみられる。

インドネシアでは、宗教教育は学校教育の基本である。一般学校では週二時間の宗教教育が必修となっており、イスラーム学校では全授業時間数のうち少なくとも二割が宗教教育にあてられている。つまり、どちらの学校系統に在籍しても、宗教教育は必修である。また、一九八九年の教育法制定以降、イスラーム学校は「イスラーム的性格をもつ一般学校」として位置づけられるようになっており、宗教教育の割合を除いて一般学校との違いはしだいに縮小している。

ちなみに、一般学校における宗教教育は、生徒が信仰する宗教に分かれておこなわれる。インドネシアでは六つの宗教、すなわちイスラーム・プロテスタン

		フォーマル教育		ノンフォーマル教育		
年齢	教育段階	教育文化省管轄 一般学校（スコラ）系統	宗教省管轄 イスラーム学校（マドラサ）系統	教育文化省管轄	宗教省管轄	
0〜6	就学前教育	一般幼稚園	イスラーム幼稚園	プレイグループ 託児所	クルアーン幼稚園	
7〜12	初等教育	一般小学校	イスラーム小学校	パケット（各教育段階の卒業資格がえられる同等性教育）	初等宗教マドラサ クルアーン学習教室	イスラーム寄宿塾
13〜15	前期中等教育	一般中学校	イスラーム中学校		前期中等宗教マドラサ 継続クルアーン学習教室	
16〜18	後期中等教育	一般高校 職業高校	イスラーム高校 職業イスラーム高校		後期中等宗教マドラサ	
19〜22	高等教育	一般高等教育機関［総合大学, 専門大学, 単科大学, ポリテクニク, アカデミー］	イスラーム高等教育機関［総合大学, 専門大学, 単科大学］		マアハド（高等教育）	

▲**インドネシアの教育体系**

Column #01

華やかさをますムスリマ・ファッション

近年、インドネシアではムスリマの服装がファッショナブルになっている。色合いも華やかなうえに、頭をおおうスカーフの巻き方や形状にも流行がある。多くの書店のイスラーム書籍コーナーには、ムスリマを読み手として想定した「イスラームと女性」関連の書籍をあつかう一角が設けられているほか、雑誌コーナーには流行のムスリマ・ファッションをあつかった雑誌が並べられている。これらをながめていると、ムスリマがファッションを楽しんでおり、それが社会的にも認められていることがわかる。

情報化社会の進展にともない、インターネットを利用してムスリマ・ファッションの注文・販売をおこなうオンラインショップも増加している。例えば、そのなかの一つ「ジルバブ・インドネシア」は、流行に敏感に対応しながら、ファッショナブルなムスリマ・ファッションを提供している。ホームページには新作を紹介するコーナーや、ジルバブ(頭をおおうスカーフ)やムクナ(礼拝時にムスリマが着用する、頭からつま先までゆったりと体全体をおおう薄手の上着)を中心にあつかうコーナーも設けられている。ジルバブもムクナもさまざまなカラーバリエーションがそろえられ、おしゃれが楽しめるように工夫されている。

このほか、服飾・アクセサリー全般をあつかうオンラインショップのなかには、「ムスリマ服」のコーナーを設けているものもある。その一つが「ザロラ」である。ムスリマ服以外のコーナーに登場する女性はスカーフをつけず、半袖のブラウスや膝丈のスカートなども着用しており、ムスリマ服との混在が興味深い。ムスリマ向けのコーナーで紹介されている服も、それ以外の服と同様、どれも華やかである。とくに、ムクナに関しては、以前は白一色が一般的で、ほどこされる刺繡のみに工夫がみられたが、近年は色合いも生地も多様化している。

このような変化は、町を歩くムスリマや、モスクで礼拝をしているムスリマたちの姿にはっきりとみることができる。ムスリマ・ファッションは時代とともに変化しているというのが実感である。

また、大人のムスリマだけでなく、子ども用のムスリマ・ファッションも華やかである。親たちは宗教儀礼や宗教学習会のさい、まだ幼い女の子にもかわいらしいムスリマ服を着せるようになっており、ムスリマ・ファッションの低年齢化もみられる。

▲ムスリマ・ファッションに身を包む女性たち（中部ジャワ州ソロ，2015年）

ト・カトリック・ヒンドゥー・仏教・儒教が国家の公認宗教として認められているため、学校では生徒の信仰にあわせてそれぞれの宗教教育が提供される。また「地域科」という、各地域・学校が地域にあった内容を教えることができる教科も設けられている。おもに、地方語や伝統芸能、観光地では英語、イスラーム色が強い地域ではアラビア語やイスラーム関連科目などが教えられる。

このほか、インドネシアの教育体系で特徴的なのは、植民地期からイスラーム教育が人々の信仰の育成と知識の形成に寄与してきたことである。前述したプンガジアン・クルアーンとプンガジアン・キタブの伝統は、当時から引き継がれている。

例えば、小学生の子どもたちは一般学校にかよいながら、プンガジアン・クルアーンにもかよっている。前述したように、インドネシアの学校では宗教教育が必修科目となっているが、これに加えて子どもたちは、学校が終わるとモスクや町が主宰するプンガジアン・クルアーンで基本的な宗教学習を受ける。いわゆるダブル・スクールである。

プンガジアン・キタブに関していえば、イスラーム寄宿塾の歴史は、数世紀前に遡るとされる。その多くはもともと農村に開設され、修業年限もなく、学徒はイスラーム寄宿塾を遍歴してイスラーム諸学を修めた。二十世紀初頭、イスラーム改革思想に触発されたマッカ(メッカ)帰りのウラマーたちが、学年制や新しい宗教書、地理学など非宗教科目の導入といった改革をもたらした。この改革は同時に、庶民レベルに普及しはじめた植民地政府による村落学校に対してイスラーム教育の柔軟性と近代性を示す自己変革でもあった。

インドネシア独立後、イスラーム寄宿塾はイスラーム学校とともに宗教省の管轄下におかれ、近年は都市にも設立されている。また、幼稚園から大学までを設置する総合学園的なイスラーム寄宿塾や、イスラーム寄宿塾化した大学の寮など、一言では定義づけられないほど多様化している。

以上、本章ではインドネシアにおけるイスラーム的な人間形成について、その包括的な構造をみた。では、このようなイスラーム教育の構造のなかで、ムスリマはどのように育つのか、次章以降でみていくこととする。

第2章　イスラーム改革運動と女子教育の歴史的展開

女性組織の設立

　本章では、一九一〇年代まで遡り、ムスリマの教育がどのように議論されてきたのかを歴史的にみる。プンガジアン・クルアーンは男女双方に門戸が開かれていたものの、より高度なイスラーム諸学を学ぶプンガジアン・キタブを担ったイスラーム寄宿塾には、男子しかはいることができなかった。名家やウラマーの家系に生まれた一部のムスリマだけが、まれにウラマーを自宅にまねく、あるいはモスクや礼拝所でおこなわれるインフォーマルな学習会に参加するなどして宗教教育を受けたが、それらは非常に限定されたものであった。しかし、一九一〇年代になり、ようやく女子教育の議論が始まり、いくつかのイスラーム寄宿塾が女子に門戸を開放するようになる。その背景にはエジプトに端を発したイスラーム改革運動の思想的影響とオランダ植民地支配への抵抗があった。

　二十世紀初頭のオランダ領東インドでは、植民地政府による村落学校の普及政策と、イスラーム改革運動の影響を受けた「近代的イスラーム学校」の設立など、二十世紀以前とは異なる教育が展開していた。また、それは同時に、変化する時代のなかで、新たに「近代」とはなにかが問われた時期であった。

ムスリマの地位や教育環境の向上は、植民地政府とイスラーム改革指導者が、ともに近代への到達を示す一つのシンボルとして位置づけた問題であった。植民地政府は、伝統的なイスラーム教育が、教育の現場からムスリマを排除していることを指摘した。一方、イスラーム改革指導者にとって女子教育は、女性の高貴性を最初に認めた宗教がイスラームであることを強調するうえで、達成されるべき課題となった。その意味で、植民地政府による学校の普及は、現地のムスリム社会にイスラーム的価値の再確認を促す役割をはたし、女子教育を推進する動力になったといえる。

組織名	設立年	地域	組織の性格と活動
プトリ・マルディカ	1912	ジャカルタ	経済的自立に役立つ技能の習得を目的とする女性教育
クラジナン・アマイ・スティア	1914	西スマトラ	識字をとおした女性の地位向上をめざす，西スマトラで最初に設立された女子学校
パウィヤタン・ワニタ	1915	(不明)	独立した女性組織(活動内容は不明)
アイシャ	1917	マゲラン	ムハマディヤの女性部門
ピカット(PIKAT)	1917	ジョグジャカルタ	ミナハサ地域の女子教育活動
プトリ・ブディ・スジャティ	1919	マナド	女子のための寄宿制学校を設立
ワノジョ・ウトモ	1920	スラバヤ	サレカット・イスラムの女性部門で，女性の地位向上のための活動を実施
クウタマアン・イステリ・ミナンカバウ	n.d.	ジョグジャカルタ	家事(Domestic science)を教える学校の設立
スマトラ婦人連盟	1920	パダンパンジャン	雑誌『Asjraq』を創刊したスマトラ女性組織同盟
ワニタ・タマン・シスワ	1922	ブキティンギ	タマン・シスワの女性部門
ディニア・プトリ	1923	パダンパンジャン	インドネシアで最初の，女子だけを対象にした近代的女子イスラーム学校
ワニタ・カトリック	1924	ジョグジャカルタ	カトリック党の女性部門
ダーメスアフデーリング・ヨング・イスラミーテン・ボンド	1925	ジョグジャカルタ	ヨング・イスラミーテン・ボンドの女性部門
イナ・トウニ	1927	ジョグジャカルタ	サレカット・アンボンの女性部門
プトリ・スティア(アンボン)	1928	アンボン	社会福祉組織
プトリ・スティア(マナド)	1928	マナド	社会福祉組織

▲黎明期の女性組織(1915～28)

出典：Martyn, Elizabeth, *The Women's Movement in Postcolonial Indonesia: Gender and Nation in a New Democracy*(*ASAA, Women in Asia Series*), Routledge, 2010, p.39をもとに作成。

ここで、イスラーム改革指導者による女子教育の展開について述べる前に、それと並行する重要な動きとして、一九一〇年代から始まる女性組織の設立についてみておきたい。前頁の表には、オランダ領東インドで一九一二〜二八年にかけて創設された主要な女性組織を示した。一九一二年にジャカルタで創設されたプトリ・マルディカは、経済的自立をめざす女性教育をおこなった組織で、創設時期がもっとも早い。

これらの女性組織はさまざまな背景のもとに設立されてはいるものの、女性を進歩させ、その地位を改善するための一つの方法として教育を重視した点で共通している。具体的には、識字教育や家庭・育児に関する啓蒙、貧困層に対する社会福祉活動などがおこなわれた。また、これらの組織のなかのいくつかは、女性の解放思想の普及のために、雑誌を創刊したことも特筆すべきであろう。

クラジナン・アマイ・スティアは、女性運動家として知られるロハナ・クドゥスという一人の女性によって西スマトラに創設された学校である。この学校でもっとも重要と考えられたのは、裁縫やレース編み、織物といった女性に役立つ手仕事の習得であった。しかし同時に、アラビア文字とローマ字の読み書き、宗教にもとづく道徳教育も教育内容として導入された。そして、ロハナ・クドゥスは、女性を読者とするオランダ領東インドで最初の週刊新聞『スンティン・ムラユ』[1]を一九一二年に発行した編集者でもあった。この新

1 原語表記は *Soenting Melajoe* である。

聞では、女性の高貴さと、これまで軽視されてきた女子教育の必要性が強調されている。このことは以下の記事のなかにも読み取ることができる。

私たちの慣習法によれば、男性は妻よりも親族との関係のほうが強い……。慣習法によると、私たち民族の女性は、男性以上にその地位が高い。しかし、実際の社会ではそうなっていない。夫が家に帰ったとき、妻を大切にしているだろうか？……煙草が切れると妻に買いに行くよう命じる。……このような習慣は望ましくない。……女性は夫と子どもの生活の糧をえるために必死で働いている。

[*Soenting Melajoe*, 1921 Januari 28, No.4]

織物によって女性の収入の道を広げることが可能になる。……読み書きとともに織物が学べる少女たちのための学校を設立することによって、その機会はさらに広がった。

[*Soenting Melajoe*, 1921 Januari 7, No.1]

また、スマトラ婦人連盟は、ローマ字表記による月刊新聞『スマトラ婦人の声』[2]を創刊し、そのなかで女性の教育についても論じている。

娘は結局、家の留守を守るだけだからということで無知のまま家のなかに閉じ込められ、逆に息子は娘とははっきり区別され、優越を与えられる。女性は男性の背後に追随するモノのような存在であるように教えるといった旧来の方法で、もはや子どもを

[2] 原語表記は *Soeara Kaoem Iboe Soematera*。また，この雑誌の前身は『*Asjraq*』である。

育てるべきではないことを両親は認識しなければならない。

[*Soeara Kaoem Iboe Soematera*, December 1930, No.11]

母親は、子どもを教育し保護する責任を負っている。ましてや、ミナンカバウのように子どもが母方に属する母系制社会にあっては、母親は強くあり、生活を守り、子どもを育てる義務を負っているのである。……この意味で、ミナンカバウの女性は他の民族以上に真の責任を負っている。……女性は適切に育てられ、知識を与えられなければならないのである。

[*Asjraq*, Juli 1925, No.7: 137-139]

これらの記述では、女子に教育を授けようとしない子育てのあり方を批判し、また、ミナンカバウの特色としての母系制社会における母親の重要性を説くことによって、女子教育の必要性が強調されている。

次に、オランダ領東インド全域を包括する動きとして一九二八年十二月二十二日に第一回インドネシア女性会議[3]が開催された点も、この時期の女性運動を理解するうえで重要である。この会議には、オランダ領東インド全域から三〇の女性組織が参加し、それらの代表を含む出席者は一〇〇〇人をこえたとされている。その後、第二回インドネシア女性会議が一九三五年にジャカルタで開催され、それ以降も三八年にバンドゥン、四一年にスマランで開催された。同会議では、当時の女性をめぐる諸問題、例えば教育や女性の地位向

3　原語表記は Kongress Perempuan である。

上などが女性自身によって議論された。とくに第二回会議では、女性が身につけるジルバブ(頭をおおうスカーフ)や一夫多妻婚の問題をめぐってさまざまな立場から問題提起がなされた。

以上みてきたように、すでに一九一〇〜二〇年代にかけ、女性自らが女性組織や雑誌の刊行をとおして、議論と活動を活発化させてきた。そしてそのさい、教育が女性の地位向上の一つの重要な方法として認識されていたことがわかる。

改革派イスラーム女性組織アイシャ

次に、イスラームを母体にして創設された女性組織の動きをみておこう。ここでは一九一七年に創設されたアイシャという女性組織を取り上げたい。アイシャは、一九一二年に中部ジャワで誕生した改革派イスラーム組織ムハマディヤ傘下の女性組織として誕生し、孤児院の設立や社会福祉活動とともに、ムスリマの地位向上を重視する活動を幅広くおこなってきた。組織の名称は預言者ムハンマドの晩年の妻アーイシャの名にちなんでいる。

同組織が発行した雑誌『アイシャの声』[4]のなかでは、ムスリマの社会活動の範囲や服装といった具体的な問題から、妻や女性であることの本質的な問題まで幅広く議論されている。例えば、一九二九年九月号(第四巻一〜四号)から三一年十二月号(第六巻一二号)までの

4 原語表記は *Soeara Aisjijah* である。

記事を見ると、これまで女性が教育を受けることのできなかった社会状況を脱して、社会の進歩に積極的に関わるべきであることが主張されている。

イスラームは私たち女性が進歩に関わろうとすることを決して禁止していない。

[*Soeara Aisjijah*: 243-245]

しかし同時に、その方法は西欧の女性解放とは異なり、つねにイスラームにもとづくものでなければならないと認識されている点も特徴的である。

ヨーロッパ世界で……さかんに議論されていることのなかに女性の地位に関する議論がある。そこでは、女性がなににつけても男性と平等・対等になるように、という議論がされている。例えば、男性がなにかの役割につけば、女性も同じようにするというように。……女性の地位を向上させたければ、毎日家にいて夫の世話をするだけでは不十分で、会議に出席したり、さらに軍隊を指揮したりすれば、高く評価され尊敬されるという。……〔しかし〕それぞれの性はそれぞれの役割を負うようになっているのである。

[*Soeara Aisjijah*: 52-54]

ムスタファ・ケマル[5]……は、さまざまな方法でトルコ女性を進歩させることに精力的であった。彼は、服装を近代化することによって、つまり従来の服装を西洋的な服装にかえることによって、そして、従来の結婚を近代的な結婚にかえることによって

5 アタテュルク(1881 ～ 1938)。第一次世界大戦後のトルコ革命指導者で，トルコ共和国初代大統領(在任 1923 ～ 38)。ムスタファ・ケマルは旧名。

女性の進歩を発展させようとした。……すべてを近代化することが祖国と宗教の進歩であるとする指導者たちとの対立がここにある。……例えば、男性と女性の自由な交際は、神によってすでに提示された範囲をこえ、イスラームがモデルとする結婚とは異なっている。……しかし、これは決してイスラームが女性の進歩を阻害しようとしていることを意味するのではない。ただ、神によって定められた範囲に従うだけなのである。

[*Soeara Aisjijah*: 101-105]

このような記述には、第1章でもふれたコドラットの概念や性役割観が表現されていることがわかる。イスラームは女性が進歩することを決して妨げはしないが、イスラームの教えに反しない近代のあり方を模索すること、それは西洋的な自由や進歩とはかならずしも一致しないことが主張されているのである。

一夫多妻婚をめぐる議論

当時、女性の地位向上と関連して、しばしば議論されたもののなかに一夫多妻婚の問題がある。ムスリマの教育にかならずしも直結する問題ではないが、その是非とあり方をめぐって、二十世紀初頭からつねに議論となってきた。

ここでは一九三七年に創刊されたイスラーム雑誌『タルビヤ・イスラミヤの声』[6]を取り

6　原語表記は *Soearti: Soeara Tarbijah Islamijah* である。

上げ、植民地政府とイスラーム指導者との間で展開されたムスリマの地位と役割をめぐる言説の一例を示したい。この雑誌は当時、数多く発行されたイスラーム雑誌の一つであり、読者との対話やウラマーたちの論争が地域をこえて積極的にみられるのが特徴である。取り上げるのは創刊年第四号で、植民地政府が一九三七年に発表した結婚登録条例案をめぐる論争である。ここではまず、結婚登録条例案を作成した植民地政府の目的が次のように述べられている。

……この土地の結婚は、すでに一般的な法によって規定されているものもあれば、そうでないものもある。すでに整えられているのは、ヨーロッパ人、華人、そしてジャワ、ミナハサ、アンボン地域の原住民キリスト教徒のためのものである。前述のように、結婚が法的に整えられていない原住民および東洋外国人のために、政府は現在、一般的な法――つまり、契約を登録する――によって結婚を確かなものにする機会を提供したいというのが意図である。……登録された結婚は、条例の規定に従うことになる。この条例によって、男性が二人以上の妻をもつ道が閉ざされ、夫と妻の離婚は裁判所の決定によってのみ許可されることになる。

……原住民の妻の間では、すでに長きにわたり、結婚にともなう女性の地位の改善のための声や要望が聞かれるところであった。この条例を施行することにより、近年の要望や理想を満たすことが可能となるであろう。……

植民地政府は、現地における人間集団を、ヨーロッパ人、華人、そしてジャワ、ミナハサ、アンボン地域の原住民キリスト教徒と、それ以外の原住民に分類し、後者の人間集団の結婚が法的に整えられていないとする。政府は後者の人間集団が誰を指すかについて明言を避けているが、文脈からムスリムであることは明らかである。そして、原住民ムスリマの代弁者としての立場を表明することによって結婚登録条例案が植民地政府の一方的な介入ではないことを示そうとしている。論点は主として男性による複婚や一方的な離婚の禁止、強制婚の禁止である。これに対してウラマーは、ムスリマに対する同情と同時に植民地政府に対する反論をおこなっている。

……ミナンカバウにおける結婚は、二つの法、つまり慣習法とイスラーム法によって規定されている。……万が一でも慣習法と宗教が非難されるようなことがあれば、ミナンカバウ人の心をたいそう悲しませることになるだろう。……この条例はたしかに有益な点もある。つまり、この条例が施行されれば、一夫多妻婚、なかでも現在みられるような、〔複数の妻を娶《めと》るさいの〕条件を満たさず、信仰深くない人々によっておこなわれているそれは阻止されることになるであろう。女性好きで二人も三人も妻を娶りながら、妻や子どもに対する義務をはたさないムスリム男性がどれほど多く存在することか。……この条例が施行されれば、複婚の扉が閉じられ、かつ好き勝手に妻を離婚する男性は許されないことになるであろう。……些細な理由で離婚をいいわたすムスリム男性がどれほど多くいることか。……夫から離婚された女性の心はどれほどの心痛であろう。……私たちが今議論している条例は、このような不幸な女性の運命を保護しようとしているのである。……

実態として妻や子どもに対して義務をはたさない男性、些細な理由で離婚をいいわたす男性が存在することを認め、ムスリマの不幸な運命に同情している。しかし同時に、植民地政府に対する反論が展開される。クルアーンの章句をあげながら男性に与えられた役割を説明し、ムスリム男性による背教行為を認めつつも、世俗的な植民地政府の条例によって宗教が禁じていない行為を禁止する不条理を説いている。

……イスラームの視点からみると、この条例は聖なる宗教に大きく相反している。決して宗教のせいにしてはならない。……それを実践するムスリムがその教えに従っていないのである。……条例の第五条[7]について考えてみると、条例施行後は現実には夫の権利喪失に遭遇することになるであろう。……このことは、アッラーが夫に対して与えた権利を剥奪することにならないであろうか。

男性はアッラーが与えた恵みによって女性たちの保護者である。［女性章第三四節］

7　条例案第５条の内容は,「もし結婚後２カ月をへても結婚登録の申請が提出されない場合，女性の側から申請してもよい。もし通知後６カ月をへてもなお登録していない場合，その結婚は有効性をもたない」というものである。

……そして男性は、女性よりも一段上位である。〔雌牛章第二二八節〕

次に第一三条……に留意してみよう。……イスラームは必要な場合、二人以上の妻をもつことを許可している。しかし、条例ではいっさいの例外なく禁止している。……あなたがたがよいと思う二人、三人または四人の女を娶れ。〔女性章第三節〕

われわれは一夫多妻婚、つまり多くの妻をもつことに貪欲ではなく、大抵の場合、妻は一人である。われわれが一夫多妻婚を守るのは、われわれの宗教が必要ある場合にはそれを禁じていないからである。

これらの議論は主として男性によってなされたものである。しかし、女性の声もなかったわけではない。さきにも取り上げた雑誌『スマトラ婦人の声』のなかに、一夫多妻婚に関する議論がおこなわれたことを示す記事がある。

『スマトラの栄光』[8]（第三四巻六九号）のなかで、私は次のような記事を読んだ。「〔……ムハマディヤ大会のアイシャ部会で〕ある人が、宗教では一夫多妻、あるいは二人以上の妻を娶ることを禁止していないと説明した。その人はアラブにおける価値観の例をあげた。つまり、女性は非常に劣った存在とされ、女の子が産まれれば〔一族は〕侮辱感に苛《さいな》まれた。……男性は妻を娶ることに制限がなく、好きなだけ妻を娶ることができた。ときには自分の妻さえも売り飛ばしてしまうような状態であった。〔部会で〕説

8　原語表記は *Tjaja Soematera* である。

明していた人自身も一夫多妻を禁止しなかったし、それを廃止しようなどとはしていなかった」……これを読んだあと、私は心のなかに一つの疑問が浮かんだ。アラブ人が女性の地位を低いものにしたのか、それともイスラームがそうしたのか。

もし前者なら、私たち女性はこの土地の男性に、アラブ人を模範にし、真似をするよう望むであろうか。……これは宗教によって望まれるものなのか。われわれは宗教にのっとって、自らをおとしめることを望むであろうか。……宗教で制限はないのであろうか。……ミナンカバウの女性たちよ！　女性たちが家庭の糧をえるために、闘鶏にでかける夫の小遣いのために、朝から晩まで懸命に働いている姿を見たことがないのか。……女性が限界まで働くのを見てかわいそうとは思わないのか。これは一夫多妻の顛末《てんまつ》ではないか。父親を知らず、父親の稼ぎで食べたことのないミナンカバウの子どもたちの数が、まだ少ないというのか。これは一夫多妻を好み、それに賛同する、多くのミナンカバウの男性たちの望みか。……たしかに宗教はこれを禁止していない。しかし、「命じて」いるであろうか。……女性の読者たちよ……私たちはこれが半ば強制されることに従うべきか、それとも一夫多妻が消滅するよう、あるいは減少するよう努力するべきなのか。……妻は、男性にとって人生の友である。……人間は思考をもった生物である。もし女性が蔑《さげす》まれるなら、なぜ神は〔女性に〕思考を与えたのか。……

[*Soeara Kaoem Iboe Soematera*, December 1930, No.11]

この記事はいくつかの点で興味深い。一つは現実におこなわれている一夫多妻婚が、多くの女性を苦しめているという事実である。そして、男性によってイスラームの教えに背くような一夫多妻婚がおこなわれていることに対する批判がみられる。しかし、この記事を書いている女性は一方で、自分で発した問いに対して、決してイスラームの教えが女性を蔑《さげす》むわけがないという確信をもっている。その意味で、さきに紹介した雑誌『タルビヤ・イスラミヤの声』の見解と一致している。第二に、この現実に対してどのように対処すべきかについて、困惑している。イスラーム法からみれば一夫多妻婚は禁止されていないが、これを野放しにしておくことに対する不条理も感じているのである。

教育を受ける権利の獲得

以上みてきたような議論の高まりとともに、イスラーム改革運動を担った指導者たちは教育改革に着手し、一般科目や学年制を取り入れたいわゆる近代的なイスラーム学校を創立した。それとともに、女子教育が徐々に推進されるようになった。西スマトラで最初に正式なかたちで女性を受け入れたのは、一九一五年に創立されたディニア・スクールというイスラーム学校である。当時、ディニア・スクールで学ぶ生徒の三割近くが女子であったという。[9] 同年、設立者ザイヌディン・ラバイは少女たちに向けた書物で以下のように述べている。[10]

女性が勉強することは真に義務である。……女性はやがて母親になる。そして母親こそが、すべての家族の土台となる。宗教では、もちろん学問を追及することはまったく禁止していないし、それどころかすべてのムスリム男性、ムスリム女性にとって義務である。預言者の時代にすでに読み書きできる女性も存在したのである。

少女たちよ。あなたたちのような若いときこそ勉強するときである。……だから、できればイスラーム学校や、その他の学校で、自分にとって役に立つ学問を勉強することが望ましい。……学問を身につけ、織物などのような手仕事ができるようになるためには、毎朝あなたたちは学校へ行くべきである。もし、本当に一生懸命勉強すれば、あなたたちはやがて村の人々から、学のある人として数えられるようになるだろう。

母親に対して敬意を表することは義務である。なぜならば、子どもに対する母親の愛情ははかり知れないし、母親による子どもの世話は評価しつくせない。このことから、預言者は次のようにいったのである。「天国は女性の足元にある」[11]。

[9] Steenbrink, Karel, *Madrasah, Pesantren dan Sekolah: Pendidikan Islam dalam Kurun Modern,* Jakarta: LP3ES, 1986.
[10] Labai el Yunusi, Zainuddin, *Adaboe' l Fatah,* Padang Panjang: Badezst, 1915.
[11] 原語ではSurga berada di bawah telapak kaki kaum wanitaと表現されている。

ディニア・プトリ

一九二三年、ディニア・スクールで学んだ設立者の妹ラフマ・エル・ユヌシヤー[12]（以下、ラフマ）は、二三歳の若さでディニア・プトリというインドネシアで最初の、女子だけを対象にした近代的女子イスラーム学校を設立し、イスラーム女子教育の先駆的存在となった。

一九三九年に出版された創立一五周年記念号の緒言のなかで、ラフマはディニア・プトリの目的について次のように述べている。

ディニア・スクール・プトリ[13]における教育の目的は、イスラームに対して、そして今暮らしている社会に対して純粋な愛情を育てることである。そして、尊い宗教の基礎から乖離《かいり》することのない、調和のとれた進歩的な礼儀作法の苗を育てることである。……ディニア・スクール・プトリは、つねに女性に対して宗教の思想を広め、また、進歩に貢献するつもりである。多くの女性はたずねることをきらうために、男性より十分にイスラームの啓蒙をえることが難しい状況にある。これが女性をイスラームの思想から遠ざけ、無知の谷底のなかで壊滅させてしまう原因である。……ムスリムの子どもたちが、偉大なる唯一神に対して誠実な道を知ることができるように、そして私たち民族の若いムスリムたちが自分自身を信頼し、祖国と民族に対して責任を負う

12 原語表記は Rahmah el Yunusiyyah（1900～69）である。
13 ディニア・プトリの当時の名称。

Column #02

ディニア・プトリの修学旅行

本文でも述べた西スマトラの女子イスラーム学校ディニア・プトリ（四三頁参照）の修学旅行について紹介したい。

近年、インドネシアでは経済的に余裕のある人々が海外旅行にでかけるようになっている。筆者がインドネシアに長期滞在した一九九〇年代半ばには考えられなかった現象である。LCC（格安航空会社）の登場がおおいにこの流れを後押ししているといってよい。イスラームの聖地マッカへの巡礼がムスリムにとってもっとも重要であることはいうまでもないが、そのほかの渡航先として近場の東南アジア諸国のほか、日本も彼らをひきつけている。筆者が受け入れのお世話をしている一つに、ディニア・プトリの高校生の修学旅行がある。日本への訪問は二〇一二年から始まった。

二〇一五年現在のディニア・プトリの学園長は一九七一年生まれのファウジア・ファウザン氏である。ディニア・プトリの学園長は代々女性によって継承されており、ファウジア氏は第六代目となる。彼女はバンドゥンのパジャジャラン大学経済学部を卒業後、同大学とインドネシア大学の大学院で会計学の修士号を取得している。経済学出身の彼女がディニア・プトリの学園長になることによって、さまざまな新しい取り組みが試みられている。その一つが、中東諸国や近隣の東南アジア諸国だけでなく、日本やオーストラリア、イギリスへのホームステイや修学旅行の実施である。次世代を担う生徒たちをグローバルな世界にふれさせ、世界で活躍する女性を育てたいという思いが彼女を動かす原動力となっている。日本の外務省が〇四年度より毎年実施している、インドネシア・イスラーム寄宿塾教師招聘《しょうへい》事業の第一期生としてはじめて日本を訪れた彼女は、日本の街の清潔さや日本の人々の礼儀正しさにすっかり魅せられ、ぜひとも生徒たちに「ムスリムの模範となる」日本をみせたいと考えた。

東京への一週間弱の修学旅行では、大学や高校を訪問して日本の教育現場を知り、お台場の日本科学未来館やパナソニックセンターで科学にふれる。また、朝のラッシュアワーを体験し、浅草や皇居などを訪れることで日本の生活・文化を知る。こうして、生徒たちの視野を広げ、夢を実現することの大切さを教えている。新しい世界をみた生徒たちは、自らの将来設計においてより高いビジョンをもつようになっている。新しい要素を取り入れて変化するイスラーム寄宿学校で学んだ生徒たちが、これからどのような人生を歩んでいくのか、楽しみである。

▲ディニア・プトリの高校生修学旅行(皇居，2012年)

ことを理解できるようになるために、ディニア・スクール・プトリは「イブ・プンディディック」を育てる。[14]

右の表現から、ラフマの思想のなかで「イブ・プンディディック」として表現される女性を育成することが教育の目的になっていることがわかる。「イブ・プンディディック」は、「教育者としての婦人」を意味する。一九七八年に出版されたディニア・プトリ五五周年記念号のなかには、より具体的に「イブ・プンディディック」の女性像が説明されている。

イスラームの教えのなかで、「天国は女性の足元にある」といわれる。だから、神によって約束された天国を実現・達成するため、女性は社会のなかで、家庭のなかで、そして女性がいるすべての場所でよくあらねばならない。このような思想のもとにディニア・プトリは「イスラーム精神をもった女性」を育成するのである。……教育の目的であるイブ・プンディディックは以下の三つの意味をもつ。

(1)家庭のなかでのよきイブ・プンディディック　女性は家庭の母であり、子どもにとって最良の教育者である。よき家庭とは、家族の成員の日常のおこないのなかに反映される。

(2)学校におけるよきイブ・プンディディック　すべての女性は教育者としての資質

[14] Pengoeroes Dinijjah Poeteri Padangpandjang, *Boekoe Peringatan 15 Tahoen Dinijjah School Poeteri Padangpandjang,* Padangpandjang: Pengoeroes Dinijjah Poeteri Padangpandjang, 1939.

をもっている。優しい性質はよい教育者にとって最良の資質であり、これはとくに女性によって所有される。

(3)社会のなかでのよきイブ・プンディディック　社会のなかの先導者として、そして女性指導者として。

このように、「教育者としての婦人」の定義のなかに、「家庭」「学校」「社会」の三つの意味を含ませている。これによって生徒たちは、自分のコドラットを「家庭」で活かすのか、「教師」として活かすのか、「社会」のなかで活かすのか、自ら選択することができ、しかも、それを神の意にそったムスリマの生き方として意味づけることができる。そして、「天国は女性の足元にある」という言葉によって女性の偉大さと高貴性を強調している。

ディニア・プトリは一九二三年の設立から七年をへた三〇年に最初の卒業生を送り出して以来、多くの卒業生を輩出している。そして、卒業生たちの多くは、自分の郷里や他の地域で宗教教師となった。このことは、この時期すでに女子が学ぶことのできるイスラーム学校が徐々に設立され、女性の宗教教師が求められていたことを意味している。

母としての女性の高貴性

ではこの時期、女性が教育を受ける権利に対していかなる宗教的正当性が付与されたのであろうか。これまでもみてきたように、学問を探究することが男女を問わず義務であること、そして神は知識を探究した人間に高い地位を与えることがクルアーンの章句やハディースによって裏づけられている。

「アッラーはあなたたちのなかで信仰する人々、知識をもつ人々の地位をお引き上げになる」(抗議する女性章第一一節)、「学問を探究することは男性にとっても女性にとっても義務である」(ハディース)[15]。これらの言葉はイスラームが学問を奨励する宗教であること、そして、そこに男女の違いがないことを明確に示すものである。

もう一つ、当時の女子教育を推進する根拠となったのは、イスラーム改革指導者らによって強調された「母としての女性の高貴性」という思想であった。その根拠としてインドネシアでは次の二つのハディースがしばしば引用される。

一つは、ある男性が預言者ムハンマドに、この世で一番大切にしなければならない人を尋ねたところ、預言者が「あなたの母親です」と答え、次に二番目と三番目に大切にしなければならない人を尋ねたところ、やはり預言者は「あなたの母親です」と答えた。四番目を尋ねたところ預言者は「あなたの父親です」と答えたという有名なハディースである。もう一つも同様にハディースからの引用で、前述したように預言者ムハンマドは「天国は女性の足元にある」という言葉を残したとされている。この言葉はインドネシアにおいて

[15] Mulia, Siti Musdah, *Muslimah Reformis: Perempuan Pembaru Keagamaan,* Jakarta: Mizan, 2004.

は女性を大切にしない者は天国へ行けないと解釈されている。おそらく、これらの言葉はムスリマに自信を与えるものであったに違いない。その証拠に、当時発行された雑誌にはこれらのハディースを根拠に女性の高貴性を主張する論考が数多くみられる。

しかし一方で、この思想は諸刃の剣でもあった。母としての女性が強調されたことは、教養ある母親になるための教育を女性に開くものであったが、他方で教育の最終目標が母になることに限定される根拠にもなりえたからである。このことは、雑誌『生徒の声』[16]に掲載された、教育の最終目標が母に限定されてしまうことへのある女生徒の反論（一九二六年）や、雑誌『タルビヤ・イスラミヤの声』に掲載されたある女性教師の論考「女性の存在のもっとも優先される目的はなにか」（一九三八年）にもあらわれている。

信仰する男性だけが神のお叱《しか》りを受けるのではなく、私たち女性も神からのお叱りを受けるのである。しかし、……もし私たちが男性のように活動したいと思い、真実を謳《うた》い、後退してしまったイスラームを向上させようと思う前に、すでに一定の障害に遭うことになる。この障害は、他人のみならず両親や親族によってつくり出されるものである。私たち女性の多くは、「教師」だとか「ジャーナリスト」「医者」「指導者」などの肩書きをもつことを阻害されている。……それどころか在学中に、親族や家族は、私たちの伴侶を探してしまうのである。……私たちに対するこのような処遇

[16] 原語表記は *Soeara Moerid* である。

はイスラームによって望まれるものではない。 [*Soeara Moerid*. 1926]

イスラームの教えのなかでは、アッラーの命に従うことにおいて、男性と女性の間に違いはないし、女性が知識を求めることをまったく禁止していない。しかし、日常のなかでイスラームはそれぞれに礼節と平穏を守るために男性と女性の間に明確な区別を設けられた。……女性の性質に目を向けてみれば、望もうが望むまいが、女性はアッラーによってすでに家庭を取り仕切り、子どもを育てるように創造されている。なぜならば、女性こそが子どもを宿し、出産し育てるのであり、それは男性ではない。……そして、このことは女性の生を矮小化することではなく、……アッラーのもとで非常に高い賞讃をえることである。……天国は母の足元にある。つまり、母に敬意を表しない人間は天国へは行けない。……ミスターやドクター、インシニョール[17]などの称号があったとしても、それは男性に委ねよう。なぜならもっとも重要な仕事、アッラーのもとで高い賞讃に値する任務がすでにあるからである。 [*Soearti*. 1938.9: 17-8]

前述した女子イスラーム学校ディニア・プトリの場合は、母性を拡大解釈することにより、職業人としての女性に正当性を与えた。教育者としての婦人という概念のなかに、「家庭」だけでなく、「学校」と「社会」で活躍する意味を含ませ、職業人としての女性の生き方も神の意にそったムスリム女性の一つの生き方として位置づけたのである。実際、

[17] 工学系の学位。オランダ植民地期に工学を修めた者が使用した。ちなみに，インドネシアでは現在でも使用されている。

ディニア・プトリの場合、中等教育段階で女性教師の養成、つまり職業婦人の育成を目的としていたという点で革新的であった。

ここにあげた女性たちの言葉には、女性の役割をめぐる彼女たち自身の解釈が表現されている。以上のことから、二十世紀前半には女性の教育を受ける権利に宗教的な正当性が付与されたこと、しかし、教育の目的、つまりなんのために女性が教育を受けるのかという点についての議論は解釈によって異なっていたことがわかる。また、インドネシアの場合、すでに約一世紀近く前から、雑誌などの公的な場でイスラーム女子教育の問題について、比較的自由に発言しえたという点が重要であろう。

ただし、女子の就学率は一九三〇年代に上昇したとはいえ、専門的な教育を受けることができたのは富裕層の子女に限定されていた。例えば、植民地政府によって設立された学校への女子の就学状況をみてみると、一九一三年に西スマトラ地域で第一級学校[18]に就学した現住民生徒七五三人のうち女子は九八人（一三％）[19]、三九年の男女別統計では、原地式教育の就学者数二一八万五九九〇人のうち女子は全体の二八・四％の六二万二〇人、西洋式教育の就学者数八万八二二三人のうち全体の三八・五％の三万三九二五人であり、女子比率はこの時期に上昇しているものの、男女格差は大きかった。[20]つまり、二十世紀前半の女子教育は、特定の社会階層の女性だけが対象になっていたことに留意しなければならない。

[18] 植民地政府によって設立された学校の名称。第一級学校は 1892 年に修業年限 5 年で始まったが，1914 年に修業年限を 7 年とするオランダ原住民学校に再編された。

[19] Lekkerkerker, Meisjesonderwijs, coeducatie en meisjesscholen voor de Inlandsche bevolking in Nederlandsch-Indie, *Kolonial Tijdschrift, Derde Jaargang Tweede Halfjaar,* 1914.

[20] 戸田金一「インドネシア教育史」梅根悟監修・世界教育史研究会編『世界教育史大系 6 東南アジア教育史』講談社，1976 年。

第3章　女子教育の発展

イスラーム寄宿塾の発展

インドネシア独立後、国民教育が徐々に整備されていくなかで、女子の教育を受ける環境は向上し、ムスリマは多様な選択肢から教育機関を選べるようになった。教育文化省管轄の一般学校を選ぶムスリマ、宗教省管轄のイスラーム学校を選ぶムスリマ、イスラーム寄宿塾を選ぶムスリマ、そして高等教育段階でイスラーム大学を選ぶムスリマなど、さまざまである。

本章の前半では、そのなかでも寝食をともにしながら宗教を学ぶイスラーム寄宿塾におけるムスリマの教育に焦点をあてる。アラビア語で書かれた宗教書を使い、独特の教育空間でイスラーム諸学を深く学ぶことにより、寄宿塾の主宰者や宗教書の思想に深く影響を受け、イスラーム教育の中枢を担う人材となるムスリマが多いためである。後半では、就学率の向上や選択肢の多様化にみるムスリマの教育の現在について、おもに統計的な側面から、その傾向を考える。

イスラーム寄宿塾は、オランダ植民地期から日本軍占領期、そしてインドネシア独立から現在にいたるまで、一貫して民間あるいは私《わたくし》の学びの場として地域社会に根をおろし、イスラームの知の継承に重要な役割を担ってきた。

それゆえ、イスラーム寄宿塾は、政府による学校の普及によって減少するのではなく、むしろ学校教育の普及とともに増加し続けている。宗教省の統計によれば、一九八一年に五九五九校、生徒数九二万二四六七人であったイスラーム寄宿塾は、二〇〇二年には一万四〇六七校、生徒数三一四万九三七四人(男子一六六万三八一四人、女子一四八万五五六〇人)となっている。[1] さらに、二〇〇八年には二万四二〇六校、生徒数三六四万七七一九人(男子一九五万三九九二人、女子一六九万三七二七人)と、[2] 増加し続けていることがわかる。なぜ、これほどまでにイスラーム寄宿塾はふえるのか。それは、学校教育だけでは満たしきれない社会の教育需要を柔軟に受け入れながら展開しているためである。

イスラーム寄宿塾が多様化したことから、宗教省はそれを三つのタイプに分類している。(1)サラフィー型(アラビア語で書かれた宗教書を中心に宗教学習に専念するタイプ)、(2)ハラフィー型(宗教学習をおこないながらも、数学や英語など一般教科の学習にも重点をおくタイプ)、

[1] 西野節男・服部美奈編『変貌するインドネシア・イスラーム教育』東洋大学アジア文化研究所・アジア地域研究センター，2007年，36～37頁。

[2] *Statistik Pendidikan Islam Tahun 2008/2009*, Departemen Agama, 2009, pp.97-103.

(3)両者の混合型の三つである。二〇〇二年の統計では、サラフィー型が全体の六三・三%、ハラフィー型が六・二四%、混合型が三〇・四五%となっており、宗教学習に専念するサラフィー型の割合がほかに比べて高いことを示している。また、イスラーム寄宿塾を設立した宗教組織からみると、ナフダトゥル・ウラマ系[3]のイスラーム寄宿塾が全体の六九・二八%(九七四六校)を占める。つまり、イスラーム寄宿塾はもともとナフダトゥル・ウラマをはじめとする、伝統的にイスラームの知の継承と学習を維持してきた人々がおもな担い手なのである。一方で、約三〇%のイスラーム寄宿塾が、さまざまな宗教組織によって設立されている点も看過できない。宗教省のデータによれば、既存の宗教組織に属さない独立系に分類されるイスラーム寄宿塾も一四・一三%(一九八七校)を占めており、主宰者が多様化していることを読み取ることができる。

近年、都市部で地方出身の生徒・学生向けに寄宿舎を提供し、そこで宗教学習をおこなう下宿型イスラーム寄宿塾もふえてきている。ジェンダーとの関係でいえば、娘を都市部へ送り出すさい、通常の下宿先よりも、宗教学習が付与される下宿型イスラーム寄宿塾のほうが、保護者にとっては安心である。また、国立イスラーム大学においては、新一年生にキャンパス内の寄宿舎への入居を義務づけ、そこでアラビア語や古典的な宗教書を用いた宗教学習をおこなうケースもふえている。これもイスラーム寄宿塾の発展形態の一つと

3 1926年に東ジャワで創設された伝統派ウラマーの組織。改革派のムハマディヤとともに,インドネシアの二大イスラーム全国組織をなす。
4 正式な学校名称はPondok Modern Darussalam Gontorである。

してとらえることができる。このように、時代のニーズに柔軟に対応することにより、イスラーム寄宿塾は発展をとげている。

女子部の隆盛

イスラーム寄宿塾の増加とともにとくに目を引くのが、女子部の開設である。二〇〇七年の統計をもとに、東ジャワのイスラーム寄宿塾をみてみると、四四〇八校のうち、約九五・二%にあたる四一九七校が女子部を擁している。二十世紀初頭にはじめて女子に門戸が開かれてから、およそ一世紀の間の顕著な変化である。

東ジャワ州ポノロゴにあるゴントル[4]は、一九二六年に設立されたイスラーム寄宿塾である。伝統的なイスラーム教育だけでなく、一般教科も取り入れた独自のカリキュラムを採用し、中等教育段階を中心に発展した。設立当初は一校だけであったが、生徒数の増加により、第二

◀**男子ゴントルの近代的校舎**（東ジャワ州，2005 年）

▲**大学生寮のイスラーム寄宿塾化**（中部ジャワ州，2006 年）

◀**スナン・アンペル国立イスラーム宗教大学新入生用の寮**（東ジャワ州，2010 年）

ゴントル、第三ゴントル……と学校数をふやし、現在はポノロゴだけでなくインドネシア全国に二〇校を展開し、二万七五七人の生徒が学んでいる。[5] また、多くの著名人を輩出していることで全国的に有名である。[6] ゴントルでの生活を描いたアフマド・フアディの小説『ヌグリ・リマ・ムナラ』[7]が二〇一一年に映画化され、小説とともに大変な評判となった。

女子ゴントルを開設する準備が始まったのは一九八八年のことであった。その後、一九九〇年に宗教省によって正式に認可され、同年、二九八人の女子生徒を受け入れた。女子ゴントルは、男子ゴントルと本部がある本拠地のポノロゴからおよそ一〇〇キロ離れたマンティガンという場所に設立された。これは創設者たちが定めた「男子ゴントルから一〇〇キロ以上離れたところならば女子ゴントルを開設してもよい」という条件を満たすためであったとされる。女子ゴントルの需要は高く、二〇一五年現在、七校が開設されている(マンティガンに三校あるほか、同じく東ジャワのクディリに一校、スラウェシに二校、スマトラ・リアウに一校)。一五年五月には、女子部創設二五周年を祝う行事がおこなわれた。

女子部の開設は、女子に対する教育機会と選択肢の拡大という積極的な意味をもっている。イスラーム寄宿塾を訪れるたびに感じるのは、女子生徒のみなぎる活気と向上心である。筆者は二〇〇五年と一二年に女子ゴントルを訪問する機会があったが、そのときにもっとも印象的だったのは、女子生徒たちが自らも社会で活躍したいと願い、外国人女性で

5 ゴントルホームページ，http://www.gontor.ac.id/(2013年12月25日閲覧)。*WARDUN*, Vol.67, Sya'ban 1435, Pondok Modern Darussalam Gontor Ponorogo Jawa Timur Indonesia, 1435/2014.

6 ヒダヤット・ヌル・ワヒド(元インドネシア国民協議会議長)，ムハマド・マフトゥ・マシュリ(元宗教大臣)，ディン・シャムスディン(元ムハマディヤ議長)，ハシム・ムザディ(元ナフダトゥル・ウラマ議長)，アブ・バカル・バアシル(イスラーム寄宿塾グルキ主宰者)，ヌルホリス・マジッド(ムスリム有識者)，アフマド・フアディ(小説家)など。

7 原語表記は *Negeri 5 Menara* であり，「5つの塔の国」という意味である。

ある私に対して、女性の社会進出や性役割について積極的に質問する姿であった。

ジェンダー・メッセージ

ムスリマに対する教育の大前提として、女性が教育を受けることは義務であり、信仰する人間として男女が平等であることは、イスラーム寄宿塾においても強調される。とはいえ、女子生徒がイスラーム寄宿塾で学ぶ価値や規範はさまざまである。イスラーム寄宿塾では男女の差異や性役割が明示的にも暗示的にも伝達されている。例えば、女子生徒に対する、「安全」を守るための行動の規制は、女子生徒への管理強化となる。開かれた女子教育の機会が、逆に女子生徒に対して固定的なジェンダー観を伝えてしまう可能性もある。

また、女子生徒が受け取る価値規範の問題と関連してしばしば指摘されるのは、アラビア語で書かれた古典的な宗教書であるキタブ・クニンの内容である。キタブ・クニンはインドネシ

▶女子ゴントルの校舎
(東ジャワ州，2014 年)

◀女子ゴントルの試験風景
(東ジャワ州，2005 年)

ア語で「黄色い書物」の意味である。黄色は、紙が古くなって変色した状態を指しており、アラビア語で書かれた古典的な宗教書を比喩的に表現している。

マスウディによれば、オランダ領東インドのイスラーム寄宿塾で使用されていたキタブ・クニンは、明らかに女性の地位を男性よりも下に位置づけているものが多く見受けられるという。[8] これらのキタブ・クニンは、イスラーム中期のウラマーたちの思想的影響を強く受けており、女性に関する解釈が同時期の歴史的な文脈の影響下にあったことは避けられない。例えば、『アルバイン・ナワウィ』というキタブ・クニンは、十九世紀以降のオランダ領東インドのウラマーたちが集めた四〇のハディースを翻訳したもので、著者はアブ・ザカリヤ・ヤフヤ・アル・ナワウィである。[9] このキタブ・クニンは、オランダ領東インド期から現在にいたるまで数多くのイスラーム寄宿塾で使用されている。ではなぜ、イスラーム寄宿塾ではキタブ・クニンが使用されるのであろうか。その根拠について、あるイスラーム寄宿塾は、以下のように説明している。このような説明は、キタブ・クニンをこえる新しい解釈を導くためには膨大な時間と研究が必要であることを示唆している。

キタブ・クニンは、現在にいたるまでもっともよいリファレンスとして信頼される。専門家によって編纂されたキタブ・クニンの合理性は、クルアーンとハディースにもとづいており、決して迷うものではないからである。……キタブ・クニンは、学派の

8 Mas'udi, Masdar F., Perempuan di antara Lembaran Kitab Kuning, In Marcoes-Natsir, Lies M. and Johan Hendrik Meuleman (eds.), *Wanita Islam Indonesia Dalam Kajian Tekstual dan Kontekstual*, Jakarta: INIS, 1993, p.155.

9 原語表記は Abu Zakariya Yahya Al-Nawawi である。

ウラマーによるイジュティハード[10]の成果である。イジュティハードを実践する者は通常、クルアーンを暗誦・理解し、何千ものハディースをも暗誦する者である。そのため、キタブ・クニンは、ある法について議論するさい、他のリファレンス以上に厳密であると確信できる。……同時に、キタブ・クニンを使用した学習は、その内容を研究するだけではなく、アラビア語文法の学習にもなる。[11]

中部ジャワ州ソロにあるイスラーム寄宿塾アル・ムクミン[12]にも女子部が開設されているが、イスラーム法にもとづく「正しい」行為を女子生徒に伝える目的で編纂された宗教注釈書において、以下のように敬虔《けいけん》なムスリマ像が定義されている。

神に対して従順である女性

夫の外出中に自らを慎む女性

〔女性章第三四節〕

つまり、敬虔なムスリマとは、神に従順であり夫の背後で自らを慎む女性である。なぜなら、神は彼女らをお守りくださっているのであるから。……女性の先天的な性質と義務に従い、主として家に留まる。[13]

また、前述した女子ゴントルで使用する生徒用の教材には、男性と女性の心理的相違について以下のように記述されている。

(1)女性の本能は男性より強い。それゆえ、女性が子どもや両親、家族に与える愛情の

10「自助努力」を意味するアラビア語。

11 Nishino Setsuo(ed.), *Mengasuh Santriwati: Peranan Pesantren Sebagai Penjaga Tradisi,* Lembaga Penelitian Kebudayaan Asia Universitas Toyo, 2006, pp.31-32.

12 正式な学校名称は Pondok Pesantren Islam Al Mukmin である。

13 Fealy, Greg and Virginia Hooker(eds.), op-cit., 2006, pp.275-276.

量は男性よりも大きい。女性の本能は、男性よりも容易に影響を受けやすい。……

(2)女性は男性よりも願望を持続しない。女性は多くの願望をもつが、すぐにそれらを忘れ、新しい願望をもつ。……

(3)女性は男性より勇敢ではない。だから、女性の義務が家庭内の生活にあることは妥当性をもつ。つまり、一般的に男性は身体的な強さという優位性を与えられ、責任を負う一方、女性は彼らに従順である責任をもつ。[14]

このように、神のもとでの男女の平等を前提としつつ、男女の相違に関する解釈が同時に、女子生徒に対して伝達されているのである。

「安全」の確保

イスラーム寄宿塾では女子生徒の「安全」を確保するため、女子生徒には男子生徒とは異なる学習環境がつくられている。ここでは、(1)男性主宰者との関係性、(2)男性教師・男子生徒との関係性、(3)規則と罰則についてみておきたい。

(1)男性主宰者との関係性　男性主宰者との距離のとり方は、イスラーム寄宿塾ごとに異なる。ある寄宿塾では、主宰者が女子生徒を対象に宗教書を教えるときには、直接向き合わず、布で仕切る。そのため、女子生徒は主宰者の声だけを聞きながら学習する。また、

[14] Fealy, Greg and Virginia Hooker (eds.), *Ibid.*, 2006, pp.279-280.

学習以外の時間帯に女子生徒と主宰者が接触することは稀《まれ》である。しかし、寄宿塾によっては主宰者との関係が非常に開かれている場合もある。

主宰者との関係性は、女子生徒と男子生徒では大きく異なる。男子生徒の場合、主宰者の存在は女子生徒に比べて身近であり、また同性として模範的なモデルが提供されることになる。しかし、女子生徒の場合、そのような機会は異性であるがゆえに制限されることになる。

⑵男性教師・男子生徒との関係性　女子生徒と男性教師、男子生徒との関係も制限される場合が多い。多くのイスラーム寄宿塾は、基本的に男子寮と女子寮を分け、イスラーム学校も男女別学の形態をとる。しかし、全体行事は合同でおこなわれることもあり、その意味で完全に分離されていることは少ない。

ただし、男子生徒と女子生徒の恋愛関係に関してはとくに注意が払われる。ある寄宿塾では、恋愛が発覚した場合には、クルアーン読誦、浴室・トイレの清掃などの罰が課せられ、もっとも重い罰は男子生徒・女子生徒ともに退学の措置がとられる。一方、厳しい制限を設けることが逆効果になると判断して、比較的ゆるやかな関係を許容している寄宿塾もある。ある寄宿塾は、学校では男女共学制をとり、集団礼拝や他の行事で男子生徒と女子生徒が顔をあわせることも日常となっている。とはいうものの、男子生徒と女子生徒が同席するときはつねに指導部によって監督された、開かれた場所に限定されている。

(3)規則と罰則　基本的には、教育を受ける機会や提供されるサービスに男女の差異はないというのが多くの寄宿塾の見解である。ただし、前述したように、女子生徒の「安全」を守るために、結果として女子生徒に対する監督は男子生徒に比べて厳しくなっているのが現状である。寄宿塾は寄宿制を原則とし、保護者から子女を預かる立場であるため、女子生徒が安心して生活できるよう責任を負うことになる。これに関連して、多くの寄宿塾には日用品を取りそろえた売店がおかれている。生徒が敷地の外へ買い物に出る必要がないようにするためである。

また、外出許可と帰省許可は、とくに女子生徒に対して厳しい。基本的に女子生徒は、学校やその他の重要な用事のために指導部から外出許可をもらっている場合を除いて、敷地の外に出ることは許可されない。ある寄宿塾では、遠出をする場合には、主宰者あるいは主宰者から委任された人物の許可が必要となる。そして、生徒は訪問先からの承諾のサインが書かれた許可証と写真を携行する。帰省許可はさらに厳しく、寄宿塾によっては、女子生徒が帰省するさいには必ず家族が迎えに来なければならない。一方、男子生徒は一カ月に一度、一人で帰省することが許されている。

これらの外出許可は、遠出をするときだけではなく日常生活にも適用される。ある寄宿塾では、女子生徒が学校から敷地内に戻る一四時には門が閉鎖されるため、女子生徒たちは必ずこの時間までに下校しなければならない。学校で課外活動をおこなう場合には、事前に指導部からの許可が必要となる。夜間も同様に門は閉じられる。

以上のように、女子生徒にとって寄宿塾での生活は、さまざまな制限が課せられる場所である。これらの制限は、理念的には男女平等にもとづくものの、女子生徒がムスリマとして行動すべき生活態度の模範を暗示しているといえる。そして、女子生徒は寄宿塾での生活をとおして、ムスリマとして理想的な生活態度を内面化していくのである。

女子生徒のロールモデルとしての主宰者の妻と娘たち

主宰者との接触が男子生徒に比べて少ない女子生徒にとって、寄宿塾主宰者の妻と娘たちは重要な模範となる。

ある寄宿塾の例をみてみると、主宰者の妻は子育てに専念しており、寄宿塾では教えていない。しかし、女子生徒にとって主宰者の妻は母のような存在であり、彼女たちの模範となっている。一方、主宰者の娘は国立イスラーム大学を卒業し、寄宿塾に設立された女子イスラーム学校の校長を務めている。彼女の場合、積極的に寄宿塾の教育・運営にたずさわっているという点で、主宰者の妻とは異なるムスリマ像を提供しているといえる。

別の寄宿塾の主宰者の妻は、夫の寄宿塾を陰で支えてきたが、女子部の設立には積極的に関わった。女子部創設当初は教室がなく、かわりに台所を提供した。女子部の創立以降、教師として教えるようにもなった。さらに、寄宿塾の周辺に住む婦人や若い女性のための宗教学習の機会を提供するようになった。しかし同時に、一人の妻として、家庭人としての責務を放棄したわけではないと語る。

教育を受ける機会の拡大と学校選択の傾向

さて、次に少し視点を変えて、近年の就学・進学の傾向をジェンダーの観点からみておきたい。

下の図は、インドネシアにおける就学率の推移（一九九九〜二〇〇九年度）を示したものである。インドネシアの就学率は一〇年の間に上昇している。就学前教育は一三・六四%から二五・三九%、初等教育は九〇・九八%から九五・二三%、前期中等教育は五七・二八%から七四・五二%、後期中等教育は三三・〇七%から五五・七三%、高等教育は一二・四%から一七・九三%に上昇している。なかでもとりわけ上昇しているのは前期中等教育と後期中等教育で

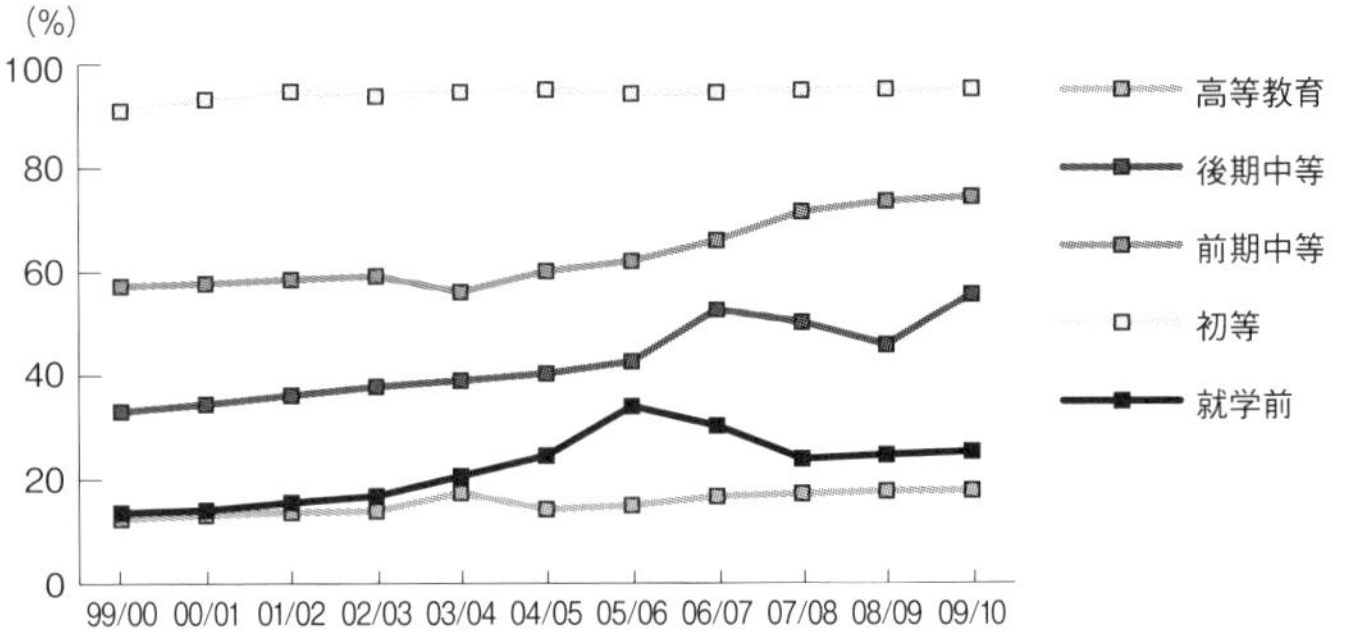

▲インドネシアにおける就学率の推移（1999/2000〜2009/10年度）

出典：Departemen Pendidikan Nasional, *Ikhtisar Data Pendidikan Nasional Tahun 2009/2010, 2007/2008, 2003/2004.*

注）就学前教育から後期中等教育までは純就学率，高等教育は粗就学率を示す。

ある。

ジェンダーの観点からみれば、思春期にはいる前期中等教育以降は、初等教育とは異なる要素がはいってくる。とくに男女の過度な接触を避けるイスラームではなおさらである。また、ムスリムの親にとって娘をどのような学校にかよわせるかは大きな問題となる。

そこで、二〇〇九年の統計をもとに男女の学校選択の傾向をみてみたい。下の表はそれを示したものである。ここでは教育文化省が管轄する一般学校と、宗教省が管轄するイスラーム学校を取り上げる。なお、後期中等教育段階の職業高校には教育文化省が管轄するもののほかに、宗教省が管轄する職業イスラーム高校があるが、統計では一括されている。

この表から学校選択の傾向をみてみると、男女で若干の違いがみられることがわかる。初等教育では一般小学校に在籍する男女比は同じであるが、イスラーム小学校では女子よりも男子の割合が若干高い。しかし、前期中等教育では傾向が異なる。前期中等教育では、数%の違いではあるが、一般中学校とイスラーム中学校の男女比がちょうど入れ替わるようなかたちとなっており、イスラーム中学校に在籍する女子の割合が男子よりも若干高くなっている。そして、とくに注目されるのが後期中等教育である。イスラーム高校に在籍する生徒の男女比は四五対五五となっており、女子の割合が高くなる。同じく一般高校の男女比も四七対五三で若干女子の割合のほうが高い。一方、職業高校では逆転して男女比

	初等教育		前期中等教育		後期中等教育		
	一般	イスラーム	一般	イスラーム	一般	イスラーム	職業
男子	50	52	51	49	47	45	59
女子	50	48	49	51	53	55	41
合計	100	100	100	100	100	100	100

▲**一般学校およびイスラーム学校在籍生徒の男女比**(単位：%)
出典：Departemen Pendidikan Nasional, *Ikhtisar Data Pendidikan Nasional Tahun 2009/2010*, 2010, p.7.

Column #03

信仰のフィトラ

イスラームでは、人間は人生の真実を探し求めるために「一人で放置されるわけにはいかない」弱い存在であり、そのためにこそアッラーは預言者をとおして人間に指針を与えたのだと考えられている。「一人で放置されるわけにはいかない」弱い存在であるものの、人間はまったくなにもない状態で誕生してくるわけではない。人間は、誕生時にすでに一定の可能性をもって生まれてくる。これがイスラームでいうところのフィトラ(fitrah)という概念である。

フィトラは、「誕生時にもって生まれる、人間に内在する秘められた力、あるいは潜在的可能性」「基本的能力、あるいは生来もって生まれるもの」などと定義され、より厳密に検討すれば研究者によって解釈が異なる部分もあるが、ここでは「生来もって生まれる潜在的可能性、あるいは基本的能力」としておきたい。

人間が生来もって生まれる潜在的可能性、あるいは基本的能力にはさまざまな種類があると考えられているが、信仰との関係でフィトラの重要な側面をあらわすハディースに、「第一のフィトラは信仰するフィトラである」「すべての子どもは宗教のフィトラをもって生まれてくる」がある。これはクルアーンのルーム章第三〇節の「汝の顔を宗教に向けよ、神が人間をお造りになったフィトラに従って」という章句と深く関係している。この章句にそっていえば、宗教に対してまっすぐに顔を向けることはアッラーが人間に対して与えたフィトラであることを示している。

またイスラームでは、人間の魂が神によって直接吹き込まれることから、人間のフィトラには神の性質が含まれていると考えられている。このことはイスラームにおいて人間という存在が、どのようにとらえられているかを理解するうえで重要であろう。サード章第七一節と第七二節には「私は土から人間を創造し、人間を完全にするために私の魂を人間に吹き込んだのだ」と表現されている。

元来人間がもって生まれてくる信仰するフィトラを現世で育てるものとして、教育は重要な役割を負っている。フィトラを神の意思に従って成長させるために、もっとも重い責任をもつのは保護者である。クルアーンのなかの、「子どもに対する両親の贈り物のなかで良い教育にまさるものはない」という言葉はこのことを明確に表現している。

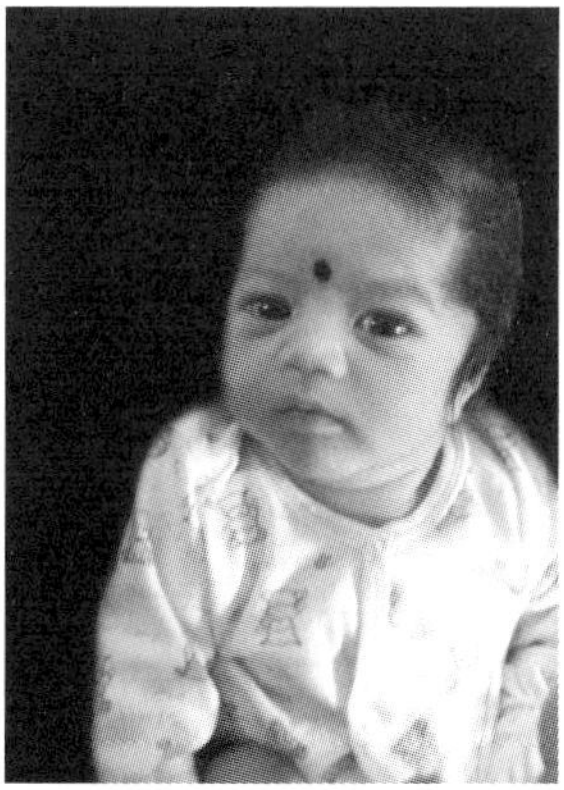

▲新生児を災いや悪魔から遠ざける額の魔よけは，アラブ系住民の習慣（中部ジャワ州，2009年）。

は五九対四一となり、男子の割合が高くなっている。

後期中等教育段階でイスラーム高校に在籍する女子の比率が高くなる要因について、アズラは次の三点をあげている。第一に、イスラーム学校は思春期の女子のためにより安全な環境を提供してくれるという親の確信がある。第二に、多くの親は男子が将来、家族の稼ぎ手になることを考え、イスラーム学校よりもどちらかといえば平均的に質が高い一般学校もしくは直接的に職業に結びつく職業学校に在籍するほうがより重要だと考える傾向がある。最後に、一九七〇年代のイスラーム復興以降、若い女性がイスラーム伝道においてしだいに重要な役割を担うようになっており、イスラーム学校がこの新たな宗教分野への重要な経路となっている。[15]

イスラーム学校の選択が女子生徒にとって保護領域の確保と同時に、伝道の分野での将来のキャリアを見すえたものになっているという指摘が妥当であれば、女子がイスラーム学校を選択する理由は複合的であるといえる。つまり、安全かつ宗教的な環境で敬虔なムスリマを育てる場として、また、社会進出のための準備の場として、現代のイスラーム学校が機能していることを意味している。

ここで、イスラームの伝道にとって重要な職業である教師に着目してみたい。下の表は、イスラーム学校における教師の男女比を示したものであり、ここからいくつかのことがわ

	幼稚園	小学校	中学校	高校
男性	9.5	44.1	52.2	55.2
女性	90.5	55.9	47.8	44.8
合計	100	100	100	100

▲イスラーム学校における教員の男女比（単位：%）

出典：Kementerian Agama Islam, *Statistik Pendidikan Islam 2011/2012*, 2013, pp.52,56,68,80.

かる。第一に幼稚園では圧倒的に女性の比率が高く、小学校についてもその差は縮小するものの、女性教師の比率が高い。第二に、中学校と高校になると逆転し、男性教師の比率が高くなる。とはいえ社会で働く女性の総数から考えると、この表は多くの女性がイスラーム学校の教師として働いていることを示唆している。教師という職業はムスリマに好まれるキャリアの一つであり、イスラーム学校の教師になるための進路の選択肢として、イスラーム中学校やイスラーム高校が選ばれていると考えることも可能であろう。

このように女子の就学率が向上するにつれ、女子がイスラーム学校を選択する意味とその目的は変化しつつある。独立後のムスリマの教育においては、母になるための宗教知識や教養の獲得だけではなく、イスラーム学校が将来のキャリアに役立つ知識や技能を獲得するための選択肢の一つになってきているといえる。

イスラーム高等教育と女子の進路

次に、高等教育と女子の進路をみておこう。第1章でも述べたように、インドネシアでは、教育文化省が管轄する一般高等教育機関のほか、宗教省が管轄するイスラーム高等教育機関[16]がある。これらのイスラーム高等教育機関は、イスラーム高校の生徒の重要な進学先となっている。また、イスラーム総合大学は、宗教系の学部だけでなく非宗教系の学部

[15] Azra, Azyumardi, Dina Afrianty, and Robert W. Hefner, Pesantren and Madrasa: Muslim Schools and National Ideals in Indonesia, In Hefner, Robert W. and Muhammad Qasim Zaman(eds.), *Schooling Islam: The Culture and Politics of Modern Muslim Education,* Princeton University Press, 2007.

[16] キリスト教系など他の宗教の高等教育機関や，厚生省など他の省が管轄する高等教育機関もある。

も擁しているため、一般高校の生徒の進学先にもなっている。

次頁上の表に示すように、二〇一一年の統計によるとイスラーム高等教育機関の総数は六四五校で、そのうちの五九三校が私立である。ただし、私立の大半は一つの学部のみを有する単科大学であり(四七二校)、それぞれの学生数は多くない。国立のイスラーム高等教育機関は五二校と少ないものの、一校あたりに在籍する学生数の規模が私立に比べて大きい。在籍する学生の全体数は六一万七二〇〇人であるが、そのうち国立に在籍する学生が二八万七八四九人、私立が三二万九三五一人となっており、国立の学生が全体の四六・六%とほぼ半数を占めている。

参考までに、一般高等教育機関の総数は三〇一一校で、そのうちの二九二八校が私立である。イスラーム高等教育機関と同じく、私立が圧倒的に多い。私立の大半は単科大学と非学位のアカデミー(それぞれ一三一四校と一〇一五校)であり、それぞれの学生数は多くない。一方、国立の総合大学は四八校であるが、一つの大学の規模が大きい。

続いてジェンダーの観点から、イスラーム高等教育機関の傾向を考えたい。次頁中央の表はイスラーム高等教育機関、下の表は一般高等教育機関に在籍する学生の男女比を国立・私立別に示したものである。中央の表から、イスラーム高等教育機関の場合、国立・私立ともに女子の比率が高く、国立で五四・八二%、私立で五五・一五%、全体で五五%

となっている。また下の表から、一般高等教育機関の場合、国立では女子の割合が五五・〇三％と高く、私立では反対に男子の割合が五四・一％と高くなっている。そして、全体でみると女子の割合が四九・七％で男女比はほぼ同じである。これらのことから、高等教育機関に在籍する男女比は、男子よりも女子のほうが若干高いことがわかる。とくに、イスラーム高等教育機関の場合、女子の比率が明らかに高い。ここから、高等教育を受ける機会は、男子以上に女子に開かれているといえる。これは興味深い事実である。

女子教育の特徴と意味の多様性

前述したように、信仰する人間としての男女の平等性、そして男女に平等に課せられた学問の義務などは、つねにイスラーム寄宿塾において強調されている点である。そのため、性役割規範が教育現場で伝えられているとはいっても、イスラーム寄宿塾での学習活動にジェンダーによるバイアスがあると単純に断定することはできない。確かなことは、女子生徒が受け取るジェンダー・メッセージに

	国立	私立	合計
イスラーム総合大学	6	93	99
イスラーム宗教大学	16	28	44
イスラーム単科大学	30	472	502
合計	52	593	645

▲イスラーム高等教育機関数と種別（2011/2012 年度，単位：校）

出典：Kementerian Agama Islam, *Statistik Pendidikan Islam 2011/2012*, 2013, p.212.

	国立	私立	合計
男子	130,060（45.18）	147,704（44.85）	277,764（45.00）
女子	157,789（54.82）	181,647（55.15）	339,436（55.00）
合計	287,849（100.00）	329,351（100.00）	617,200（100.00）

▲イスラーム高等教育機関に在籍する学生の男女比（国立・私立）（2011/2012 年度，単位：人〈%〉）

出典：Kementerian Agama Islam, *Statistik Pendidikan Islam 2011/2012*, 2013, p.215.

	国立	私立	合計
男子	811,645（45.97）	1,370,054（54.10）	2,181,699（50.30）
女子	993,116（55.03）	1,162,224（45.90）	2,155,340（49.70）
合計	1,804,761（100.00）	2,532,278（100.00）	4,337,039（100.00）

▲一般高等教育機関に在籍する学生の男女比（国立・私立）（2009/2010 年度，単位：人〈%〉）

出典：Pusat Statistik Pendidikan（http://www.psp.kemdiknas.go.id）（2013 年 8 月 30 日閲覧）

はじつに多様な要素が含まれているということである。

これまでみてきたように、ムスリマの教育を受ける機会は飛躍的に向上し、同時に進路選択も多様化した。教育という観点からみた場合、イスラーム学校は女子にのみ特別な教育内容をことさらに提供するわけではない。一般学校やイスラーム学校で教えられる宗教教育の内容は、例えば生理中の礼拝や断食、ムスリマとしての服装など特定の問題以外は、男女間にほとんど差はないといってよい。

しかし、イスラーム寄宿塾の場合、高度なアラビア語学習やクルアーン読誦、ハディースやクルアーン解釈学など、内容がより専門的になり、それとともに男女の具体的な関係、例えば婚姻や夫婦関係、相続の問題、また、男女の規範や性役割の問題が論じられるようになる。前章でも取り上げた西スマトラのディニア・プトリで、筆者が一九九〇年代半ばに調査をおこなったさい、高校二〜三年生の段階になると夫婦関係のあり方がイスラーム法の授業で教えられており、女子生徒は興味深そうに授業を受けていた。その内容は非常に具体的であった。例えば夫から夫婦の交わりを求められたときの対応など、女子生徒は真剣に聞き入っていた。イスラーム法の女性高校教師は、基本的には夫から夫婦の交わりを求められたらできるだけ断ってはいけないと教え、その根拠として「夫からの夫婦の交わりを拒んだ妻は一晩中、天使から呪われるだろう」というハディースをあげた。しかし同時に、夫には妻の体調や感情を理解する義務があり、妻が疲れている場合などは強要すべきではなく、最終的には夫婦の対話が重要なのであると教えていた。

前述したように、イスラーム寄宿塾では、しばしばキタブ・クニンといわれるアラビア語で書かれた古典的な宗教書が使用されるが、ジェンダーの観点からもっともよく議論になるのはイスラーム法に関するものである。[17]

第一に、イスラーム法をあつかったキタブ・クニンでは、多くの事柄について男性と女性の違いが明確にされている。礼拝を例にあげると、基本的に男性の服装は臍《へそ》から膝までをおおえばよいが、女性の場合は顔と手の先以外はおおうこと、男性は日没・就寝前と夜明けの礼拝の祈りの声は大きいほうがよいが、女性はどの礼拝でも小さい声がよいこと、男性はモスクで礼拝したほうがよいが、女性は家で礼拝したほうがよいこと、などである。また、アラビア語の使用法において、男性と女性どちらも意味すべきところが男性だけを指す単語になっていることも多いとされる。もちろんここで留意しなければならないのは、このような男女の望ましい行為の違いがそのまま男女の不平等であるとはいえないことである。しかし、男女に伝達される行動規範に明確な違いがみられるのは事実である。

第二に、キタブ・クニンのなかには、社会生活の場面で、女性を男性の半分の価値しかない生物としてとらえているものがあるとされる。女性の権利との関係でしばしば指摘さ

[17] Mas'udi, Masdar F., 1993, pp.155-161.

れるものに次の五例がある。一つ目はハディースにもとづき、子どもが誕生したさい、男児なら二頭の山羊、女児なら一頭の山羊を人々に振る舞うこと。二つ目は、もし男性が殺されたさいに、殺人を犯した本人またはその家族に対して要求できる賠償が一〇〇頭のラクダであるのに対し、女性の場合は五〇頭であること。これもハディースにもとづくとされている。三つ目は、証人に関して、一人の男性の証人と二人の女性の証人が同等であるとされること。これはクルアーンの一節「二人の男性の証人、あるいは一人の男性の証人と二人の女性の証人によって証言しなさい」にもとづくものであるとされる。キタブ・クニンのなかには、この一節が人間にくだった理由として、一般的に女性は家の外で起こる他人の問題の対処に慣れていないために、事件の詳細を忘れる可能性が高いと解釈するものがあるという。四つ目は、相続に関して、女性が男性の半分であること。これはクルアーンにもとづくものであるが、男性が女性と子どもの生活費をまかなう責任があるのに対して女性にはその責任がないため、差別にはならないという解釈がキタブ・クニンのなかにある。最後に、男性は厳しい条件付きではあるが二人以上の妻をもつ権利があるのに対して、女性には二人以上の夫をもつ権利がないことである。

　第三に、夫婦関係について、夫と妻がとるべき行動規範が示されている。夫に対して、「もっともよい男性は妻に対してもっともよい夫である」というハディースや、クルアーンのなかでも妻に対する夫の義務が示されているものの、男性は主体である一方、女性は客体であるという見方がキタブ・クニンに反映されているという。例えば、それは結婚させる権利をもつのは男性で、女性は結婚させられる存在とされていることや、結婚したい女性の体の一部を男性が見ることを許されると解釈するキタブ・クニンがあることにみられる。また、夫の要請に対する妻の義務についても、キタブ・クニンのなかにはさまざまな解釈がみられる。前述のように夫婦の交わりの要請に対して妻はそれを受け入れることが強く求められること、夫の許可なしに家の外に出ることを禁止されることなどである。

最後に、女性をドメスティックな存在として位置づけ、外出を好む女性を低く評価する傾向がキタブ・クニンにみられるという。ハディースからの引用とされるが、「女性の礼拝はモスクよりも家のほうが好ましい。……家のなかのどこよりも部屋での礼拝が好ましい」という一節が示されている。同様にハディースからの引用として、娘のファーティマがよい女性とされていることについて預言者ムハンマドにたずねたところ、「もっともよい女性は、男性（親族関係以外）を見ない女性である。そして親族関係にない男性も女性を見ることはできない」という一節を示している。また、あるキタブ・クニンの著者は、女性が読み書きを勉強することはイスラーム法学の観点から禁じられるという宗教裁定を出したとされる。

繰り返しになるが、これはクルアーンやハディースの教えそのものの批判ではない。ある特定の時代の、ある特定の人物によって書かれたキタブ・クニンのもつ限界が指摘されているのである。

問題は、これらのキタブ・クニンで伝えられる規範が、批判的態度なしにムスリマのもつべき規範として伝達されてしまうことにある。後述するように、一九九〇年代以降、これらのキタブ・クニンにみられるジェンダー・バイアスを是正する取り組みが始まっており、ジェンダー間の公正に対する意識もかなり浸透してきてはいる。とはいえ、イスラーム寄宿塾では、主宰者の教育方針が色濃く反映される。

一方、本章の後半でみてきたように、ムスリマが教育を受ける機会は飛躍的に拡大し、それは男性を凌ぐ勢いとなっている。つまり、教育を受ける機会という観点からみれば、男女の間の格差はほとんどないといってよい。そして、イスラーム学校は、ムスリマにとって積極的な選択肢の一つになっている。イスラーム学校にはいることで将来が閉ざされるのであれば、女子はイスラーム学校を選択しないであろう。

インドネシアにおけるムスリマの教育の特徴の一つは、その多義性にある。ジェンダーに関する議論や新しい試みが自由におこなわれる土壌があるかぎり、ジェンダー公正に向けた女子教育の取り組みはゆるやかに進展していくと思われる。

第4章　ムスリマの教育を変革する

古典的な宗教書の再解釈とイスラーム寄宿塾

近年、イスラーム寄宿塾で宗教教育にたずさわるムスリマたちの活躍がめざましい。このような現象の背景には、ジェンダー公正をめざす人々による熱心な取り組みがあることが指摘されている。この分野で活躍する著名人としてマスウディ、リイス・マルクス、シンタ・ヌリヤー、ファルチャ・チチック、NGO（非政府組織）としてラヒマ、プアン・アマル・ハヤティをあげることができる。彼らはこれまでイスラーム寄宿塾での勉強会やセミナーをとおしてジェンダー公正をめざす活動をおこない、イスラーム寄宿塾の主宰者とその妻、そしてムスリマたちの考え方に深い影響を与えてきた。本章では、ムスリマの教育を変革し、インドネシア社会でジェンダー公正を実現するために近年おこなわれている取り組みを紹介する。

一九九〇年代以降、ジェンダー公正をめざす人々によってキタブ・クニンと呼ばれるアラビア語で書かれた古典的な宗教書を再解釈する試みが始まっている。この試みが浸透するに従い、イスラーム寄宿塾の主宰者や宗教教育にたずさわる教師たちは、しだいにジェンダー・バイアスに無関心でいられなくなってきている。

キタブ・クニンにみられるジェンダー・バイアスの問題を、インドネシアで最初に取り上げて先駆的な成果をあげたのは、管見のかぎり、おそらく一九九三年に出版されたリイス・マルクスとヘンドリック・メイルマンの編著『テクストとコンテクスト研究のなかのインドネシアのイスラーム女性』[1]である。同書は一九九一年十二月にＩＮＩＳ[2]がジャカルタで主催したセミナーでの報告をもとに編集されたものである。同書の緒言で言及されているように、インドネシアのイスラームに関する研究、とくに植民地期そして独立後のイスラームのさまざまな動向を対象にした多くの研究があるにもかかわらず、ムスリマの人生や思想と関連させた研究が当時は皆無の状況であった。つまり、ジェンダーの視点からの本格的なインドネシア・ムスリマ研究は一九九〇年代になってようやく始まったといえる。同書のなかで、マスウディは、オランダ領東インド期のイスラーム寄宿塾で使用されていたキタブ・クニンにみられるジェンダー・バイアスについて論じ、現代の文脈のなかで再解釈される必要があることを指摘した。

同書で強調されていたのは、コンテクストというキータームであった。これはイスラー

1 Marcoes-Natsir, Lies. M. & Johan Hendrik Meuleman (eds.), *Wanita Islam Indonesia Dalam Kajian Tekstual dan Kontekstual* (*Kumpulan Makalah Seminar, Seri INIS XVIII*), Jakarta: INIS, 1993.

2 正式名称は Indonesian-Netherlands Cooperation in Islamic Studies である。

ム教義のなかでムスリマがどのように位置づけられているかといった理念的な側面からだけでなく、現実のなかのムスリマの姿を描こうとするアプローチである。そして、キタブ・クニンをコンテクストから再解釈することを試みるウラマーの多くは、イスラーム寄宿塾の出身であった。彼らはイスラーム寄宿塾でアラビア語を学習するとともに、キタブ・クニンを精読しており、テクストの背景にあるコンテクストを解釈する能力をもっていた。

マスウディは中部ジャワ州プロウォコルトで、代々、ウラマーの家系に生まれた。五年間の小学校教育を終えたあと、テガルレジョのイスラーム寄宿塾で三年間、さらにジョグジャカルタのイスラーム寄宿塾クラピヤッで学び、その後、主宰者アリ・マスンの助手を務めるかたわら、寄宿塾で教えるようになる。そして、寄宿塾に住み、教えながら、スナン・カリジャガ国立イスラーム大学のイスラーム法学部タフシール・ハディース専攻で学んだ。[3] このようにイスラーム寄宿塾での学びは彼の思想形成に影響を与えたといえる。

そしてこの流れは、マスウディたちの取り組みに共感したフセイン・ムハンマドへと続く。フセインは当時、マスウディを長とするＮＧＯ「イスラーム寄宿塾社会開発協会」[4]が一九九三年に開催したセミナーで、宗教による女性への抑圧について認識したという。このときのセミナーは、諸宗教における女性の位置づけがテーマであった。[5] フセインの取り

3 Kementerian Agama ホームページ, http://www.pondokpesantren.net/ponpren(2013年12月28日閲覧)

4 Perhimpunan Pengembangan Pesantren dan Masyarakat. 通常, P3M と略す。インドネシア社会と民族の発展にウラマーが貢献することを目的として, マスウディをはじめとする非政府組織の活動家とイスラーム寄宿塾の主宰者により, 1983年に設立された。

5 Muhammad, Husein, *Islam Agama Ramah Perempuan: Pembelaan Kiai Pesantren,* LKiS, 2004, XXⅣ.

組みについては後述するが、フセインもイスラーム寄宿塾で学び、現在、自らのイスラーム寄宿塾を主宰している。

繰り返しになるが、キタブ・クニンのなかでもイスラーム法の解釈は、しばしばジェンダー公正の認識が不足していると考えられている。ムスリマの権利やエンパワーメントを語るとき、イスラーム法がムスリマに対する不公正の源泉として指摘されることが多いのもそのためである。これが、ムスリマが自らの権利を議論しようとするさい、厚い壁となってあらわれる。現代のウラマーたちは、これまでの解釈を踏まえながら、現代のコンテクストにもとづく解釈と方法論を生み出すことが必要とされる。

一方で、ジェンダーに対する不公正は、イスラームの教えに内在するのではなく、それを解釈してきた人々や時代によってつくり出されてきたと、ムスリマを含むムスリムたちはゆるぎない確信をもっている。つまり、再解釈の地道な試みは、本来、イスラームが女性の権利を十全に保障する宗教であるという確信があるからこそ推進される。ムスリマたちは、ジェンダー公正を実現する新しいイスラーム法を創造することが自らの責務であると認識しはじめているのである。

ジェンダー公正の視点を含めた新しいイスラーム法をつくり出すためには、イスラーム法を人間の権利という広い枠組みに結びつけることが必要とされる。[6] イスラームの教えの

6 Hasyim, Syafiq, *Understanding Women in Islam: An Indonesian Perspective,* Jakarta: Solstice Publishing, 2006, pp.171–174.

なかでは、生存の権利や人間の尊厳、社会的公正・自由の権利・知識をえる権利・神の恩恵を享受する権利などがすでに保障されており、それらの視点を踏まえた新たな解釈が必要であると考えられるようになっている。

そして、これらの動きはイスラーム女子教育に新たな流れを生み出しつつある。ムスリマに対する教育をとおして、イスラーム法について客観的に議論するための能力を獲得することが求められている。イスラーム寄宿塾において、少しずつではあるがこのようなジェンダー公正に向けての地道な取り組みが進展していることは注目すべきであろう。

イスラーム高等教育機関の重要性

イスラーム高等教育機関に多くの女性が進学する傾向があることについては第3章でも考察したが、女性によるイスラーム高等教育への関与は、女性に関わる宗教的な諸問題の議論の発展に寄与している。イスラーム高等教育機関で学位を取得することは、ムスリマが女性の問題を語るさいの正当性を示すものとなる。イスラーム高等教育機関を卒業した若い女性たちは、社会に広まっているジェンダー・バイアスを含んだ宗教解釈に対抗するために、自らが獲得した専門性を活用している。また、ファティマ・メルニッシ、リファート・ハッサンといった、いわゆる国外のフェミニスト・ムスリマたちによる英語の書籍がインドネシア語に翻訳されていることも、これらの問題への関心の高まりを示している。

国立イスラーム大学は、インドネシアにおけるイスラームの知的革新に大きく寄与してきた。この基礎を形成したのが教員に対する海外留学の促進と、比較宗教の導入などカリキュラムの改革であった。同大学と海外の大学とのジョイントプログラムの促進により教員は海外留学し、修士号や博士号を取得した。留学先としては、エジプトのアズハル大学を含む中東諸国のみならず、オランダのライデン大学、カナダのマッギル大学、オーストラリアのモナシュ大学などがあげられる。そのなかで、イスラーム高等教育機関の女性教員たちは、現職のまま海外の大学で修士号や博士号を取得するための機会が与えられるようになった。この施策は、同大学の教員が異なるパースペクティブからイスラーム諸学を学習する契機となった。

下の表は、イスラーム高等教育機関の教員男女比を示したものである。女性の比率を見ると、国立は三二・六三%、私立は二〇・九六%、全体が二六・〇八%となっている。これは決して低い数字ではない。ちなみに、日本の大学教員に占める女性の割合(二〇〇七年)をみると、全体平均で一八・二%であり[7]、日本のほうが低いことがわかる。イスラーム文化圏だから女性の社会進出が遅れているという見方は、ここではあてはまらない。

国立イスラーム大学で修士号や博士号を取得したムスリマたちは、自らがイスラーム諸

	国立	私立	合計
男性	9,325 (67.37)	14,003 (79.04)	23,328 (73.92)
女性	4,516 (32.63)	3,714 (20.96)	8,230 (26.08)
合計	13,841 (100.00)	17,717 (100.00)	31,558 (100.00)

▲イスラーム高等教育機関の教員男女比(国立・私立)
(2011/2012年度，単位：人〈%〉)
出典：Kementerian Agama, *Statistik Pendidikan Islam 2011/2012*, 2013, p.220.

学を教えると同時に、宗教解釈に対して公的に発言する正当性と権威をもつようになった。とくに、イスラームとジェンダーに関心をもつ女性教員は、ジェンダー問題を宗教的な視点から論ずるアプローチをとり、宗教教義の再解釈を試みている。

もう一つ重要なのは、政府の主導のもと大学に設置された女性研究所[8]の存在である。最初の設立は一九八五年頃であったとされる。当時、国家機構のなかにジェンダーの視点を組み込むことが内外から政府に求められた。一九七八年に大統領は女性役割国務担当大臣局を組織し、二〇〇一年には上記大臣を女性エンパワーメント国務大臣とした。そして、ジェンダーの視点を普及させるためにさまざまな女性組織との連携を構築し、大学教員との連携を活かして女性研究所を設立した。女性研究所の設立は、教育文化大臣と女性役割国務担当大臣との合意のもとにおこなわれ、第五次国家五カ年計画以降、二七の州に七〇以上の女性研究所が設立された[9]。

なかでも活発な活動で知られるスナン・カリジャガ国立イスラーム大学の女性研究所は一九九〇年に同大学内に設立された女性研究プログラム部を前身に、九五年のイスラーム高等教育機関における女性研究所設立に関する三大臣合意(女性役割担当国務大臣・教育文化大臣・宗教大臣)にもとづいて同年十二月に設立された。同研究所の基本理念は、「男性と女性は同等に並ぶ櫛《くし》の目のようである」というハディースである。

[7] 文部科学省科学技術政策研究所「日本の大学教員の女性比率に関する分析」『文部科学教育通信』第293巻, 2012年, 32頁。

[8] 原語表記はPusat Studi Wanitaである。

[9] Nur Hayati, *Strategi Pemberdayaan Perempuan oleh Pusat Studi Wanita(PSW) di Yogyakarta,* Skripsi Fakultas Dakwah Universitas Islam Negeri Sunan Kalijaga Yogyakarta, 2009, pp.2-4.

国立イスラーム大学は、進歩的で穏健なイスラームを主流化するための支持母体となることが期待されており、この枠組みのなかで女性研究所もジェンダー公正を促進する使命をもっている。そのため、同研究所の教員は、国内外を含む大学の多様な分野で学位を取得している。例えば、スナン・カリジャガ国立イスラーム大学同研究所第三代目所長のシティ・ルハイニ[10]は二〇〇一〜〇六年にかけて同研究所を発展させた人物であるが、学歴をみると、オーストラリア・モナッシュ大学で社会学の修士号を取得し、その後、インドネシア・ガジャマダ大学の博士後期課程で社会学を学んでいる。

ここで重要なのは、イスラームの伝統に脅威を与え、対抗するかのようにみられる急速な変化に適応するために、イスラームの教えにもとづくアプローチが求められていることである。つまり、一方で近代に挑戦し、もう一方でイスラーム的であり続けるという中庸の立場をとる進歩的なアプローチが望まれる。とくに、教育・政治、その他の分野で女性のアクセスが広がることを妨げないジェンダーのあり方が探求される。

このような基本理念のもと、女性研究所はジェンダーの視点を組み込んだカリキュラムの開発、さまざまな女性組織とのネットワーク形成、イスラームとジェンダーに関するセミナー・研修の開催などの活動を展開している。[11]

そして、インドネシアでは、大学に所属する教員が同時に社会組織のメンバーとして活

[10] 原語表記は Siti Ruhaini Dzuhayatin である。
[11] Pusat Studi Wanita, UIN Sunan Kalijaga Yogyakarta での入手資料より。

発に活動することが奨励される。インドネシアの大学では大学人の三つの使命としてトゥリダルマ（教育・研究・社会貢献）が掲げられており、大学教員による社会貢献は重要な活動の柱の一つである。女性研究者は宗教的な専門性をもちながら、社会に参加することをとおして、現実の社会で起きているさまざまなジェンダー問題に対する発信をおこなっている。

前述のシティ・ルハイニは、社会組織で活躍する著名な女性研究者でもある。彼女は同大学のイスラーム法・法学部で教えるかたわら、リフカ・アンニサ女性危機センター[12]の創設者の一人として、また、ムハマディヤの宗教見解・イスラーム思想発展カウンシルのメンバーとしても活躍している。さらに、一九九五〜二〇〇〇年にかけて、後述するムハマディヤ傘下の若手女性組織ナシヤトゥル・アイシヤ[13]（以下、ナシヤ）の研究員として女性の現代的問題とイスラームにおける議論を牽引している。

女性を会員とする宗教系の社会組織として、ムハマディヤの女性組織であるアイシャ、ナフダトゥル・ウラマの女性組織であるムスリマット・ナフダトゥル・ウラマ、そしてとくに二〇〜四〇歳までの若手女性を会員とするムハマディヤ傘下のナシヤ、ナフダトゥル・ウラマ系のファタヤット・ナフダトゥル・ウラマが有名である。また、女性問題に積極的に関わっている団体として、アンニサ・スワスティ財団[14]、前述のリフカ・アンニサ女

12 原語表記は Rifka Annisa Women's Crisis Centre である。
13 原語表記は Nasyiatul Aisiyah である。
14 原語表記は Yayasan Annisa Swasti である。

性危機センター、ラヒマ[15]、プアン・アマル・ハヤティ[16]などがあげられる。

ムハマディヤの若手女性組織ナシヤによる改革

前述したようにインドネシアでは一九九〇年代にはいると、ウラマーがフェミニズムの議論に参加するようになり、イスラームの視点からジェンダー問題が議論されるようになった。それは、一九八〇年代後半に盛り上がりをみせたフェミニスト運動とも、女性を国家・社会開発に動員するために用いたスハルト体制期(一九六七〜九八年)の「開発のなかの女性」論とも趣《おもむき》を異にするものであった。

一九九八年のスハルト体制崩壊後、イスラーム的なフェミニズム言説の形成に、若手のムスリマによるNGOが積極的な役割をはたすようになったとされる。ナシヤもそのような組織の一つである。

ナシヤは、インドネシアにおける二大イスラーム組織の一つであるムハマディヤを母体として誕生した。ムハマディヤの設立は一九二六年に遡り、ナシヤはムハマディヤの誕生から五年後の一九三一年に設立された。ムハマディヤの女性部としては、すでにアイシャがそれ以前に設立されていたため、一九三五〜六五年までのナシヤは、学齢期の少女たちを会員とするアイシャのなかの一つのセクションであった。しかし、一九六五年にアイシ

[15] 原語表記はRahimaである。
[16] 原語表記はPUAN Amal Hayatiである。

ャから独立して自律的な組織となった。現在、二〇～四〇歳の女性を対象として三二の州に支部があり、四〇〇万人の会員をもつとされている。[17]

ナシヤによるジェンダー問題へのアプローチの特徴は、これまでのフェミニズム理論を参照しつつも、現代インドネシアのコンテクストにあうイスラーム的なフェミニズム理論の発展をめざすところにある。そのため、活動においてはつねにイスラームの教えに忠実であることが再確認されると同時に、社会の調和を乱し、激しい論争を巻き起こすような活動はおこなわない。そこが、「西洋生まれの」フェミニズム言説と異なる。

ナシヤについて考えるさい、二つの異なる論調への対応が重要である。一つは、女性の社会的地位の低さの原因をイスラームに求めようとする世俗的なフェミニスト活動家による論調、もう一つは、女性は社会的混乱をまねく根源であるため、管理されるべき存在であり、外ではスカーフをかぶり、できるだけ家に留まるべきであると主張するタイプのウラマーによる論調である。これらに対抗するため、ナシヤは一九八五～九〇年にかけてディスカッショングループをつくり、九五年には研究センターを設立している。

ナシヤは、女性に関わる宗教的な問題のなかで、とくにスカーフ着用の問題、婚姻法、婚前あるいは婚姻外の性的関係の倫理など、異なる見解が混在する問題に焦点をあてている。例えば、西洋的なフェミニストのなかには、スカーフがムスリマの地位を低めている

17 Siti Syamsiyatun, Women negotiating feminism and Islamism: the experiences of Nasyiatul Aisyiah 1985-2005, In Blackburn, S., Bianca J Smith & Siti Syamsiyatun (eds.), *Indonesian Islan in a New Era: How Women Negotiate their Muslim Identities* Monash University Press, 2008, pp.140–145.

ことの証明であると考える者たちも存在する。一方、ナシヤはメンバーに対してスカーフの着用を奨励する。しかし、それがメンバーにネガティブな意味をもたらすとは考えない。つまり、スカーフの着用はムスリマたちの行動を制限するものではない。そして、スカーフを着用するかしないかの最終的な判断は個人の意志に委ねられている。

またナシヤは、一夫多妻婚に対して、一夫一婦婚がイスラームの理想的な実践であり規範であるという立場にたつ。そのため、一夫多妻婚は奨励されるべきではないと考える。しかし、一方で、世俗的な女性組織や政治家がこれまでも試みてきたように、早急な法改正をとおしてそれを廃止するよりも、イスラームにおける一夫多妻婚に対する人々の認識の変化を促進することが重要であると考える。法による強制的な一夫多妻婚の禁止は効果的ではなく、逆に長引く論争と社会の混乱をまねく可能性がある。そのかわりに啓蒙教育を提供し、一夫多妻婚のみならず結婚に関わる不公正な扱いや暴力に関する意識を高めること、そしてこれらの問題の克服を重視し、それを支援する活動をおこなっている。

ナフダトゥル・ウラマの若手女性組織ファタヤットによる改革

現代インドネシアの二大イスラーム全国組織の一つであるナフダトゥル・ウラマを母体として誕生した組織が、ファタヤット・ナフダトゥル・ウラマ[18]（以下、ファタヤット）である。

[18] 原語表記は Fatayat Nahdatul Ulama である。

現在、この組織は二〇〜四〇歳までのムスリマを成員としている。

まず、設立の経緯について概観しておきたい。オランダ植民地期の一九二六年に設立されたナフダトゥル・ウラマの当初の成員は男性のみであったが、同団体の指導者たちは設立当初から進歩的に女性の問題に応えようとしたとされる。そして、同団体に女性組織をつくる最初の提案が一九三八年の第一三回大会でなされた。しかし、この大会では女性はあくまでも傍聴者であり執行部の構成員にはならないという限定付きで、同団体の成員になることが同意されるに留まった。ようやく四〇年になって女性成員が男性成員とは別に執行組織をもつことが同意され、四六年三月にナフダトゥル・ウラマ・ムスリマット[19]（以下、NUM）として正式に認められた。

しかし、同時期に、若手の女性だけを成員とする新たな組織を結成する動きも起こった。一九四〇年の大会に参加した若手ムスリマたちはこの時、自ら女子部設立のための結成集会を開き、それがNUMの一組織として認められた。その後、現在の組織名称であるファタヤット[20]が、NUMとは別の自律的な組織として一九五〇年に認められた。

このように組織としての設立はインドネシア独立後であるが、ナフダトゥル・ウラマにゆかりのある人々による女子教育の取り組みはすでに一九二〇年代から始まっていた。そのことは同団体に深くかかわった一人の女性の生涯からもわかる。マフムダ・マワルディ[21]

[19] 原語表記は Nahdatul Ulama Muslimat である。

[20] Fatayat NUホームページ，http://fatayat.or.id/（2014年7月31日閲覧）。Marcoes-Natsir, Lies, Marzuki Wahid, Mahrus el-Mawa（eds.）, *Peta Gerakan Perempuan Islam Pasca-Orde Baru*, Famina-institute, 2012, p.84.

[21] 原語表記は Mahmudah Mawardi（1912 〜 87）である。

は、一九五〇年から二九年間にわたりNUMの組織長を務めた人物である。

マフムダは、父がイスラーム寄宿塾を主宰していたため、幼少期から宗教的な環境で育った。幼少期は父のイスラーム寄宿塾で学び、その後、一九一〇年代後半から二〇年代にかけて、中部ジャワ州ソロのスンニヤーというマドラサで学んだ。ソロのイスラーム寄宿塾ジャムサレンで学んだこともあったという。彼女はハーフィズ(クルアーンの章句をすべて暗誦している者に与えられる尊称)でもあった。

彼女は一九三〇年から母校のスンニヤーで教師として教えはじめるとともに、翌年にソロでナフダトゥル・ムスリマット[22]という組織を結成した。この組織は、とくに女子教育の促進活動を展開した。また一九三三～四五年にかけて、彼女はナフダトゥル・ムスリマットが運営する女子イスラーム学校の校長となっている。

このようにマフムダの経歴をみてみると、一九四六年にNUMが正式に認められる以前の段階で、ナフダトゥル・ウラマ系のイスラーム寄宿塾やイスラーム学校では、徐々に女性が教育を受ける機会の拡大と女性教師の登用、女性組織の結成が促進されていたことがわかる。それはまた、一九二〇年代末から三〇年代初頭にかけて、東ジャワ州ジョンバンのデナニャールに女子のためのイスラーム寄宿塾が設立されていることからもみてとれる。

ファタヤットは、ジェンダーに公正な社会をつくり、社会のなかの貧困や暴力・不公正

[22] 原語表記は Nahdlatoel Moeslimat である。

をなくすこと、女性の批判的な精神を育てることが重要であると考える。そして、あらゆる活動の土台としてイスラームを位置づける。しかし一方で、宗教という名のもとで女性の立場を弱くするような伝統や解釈に対しては、十分に配慮が必要であるとしている。つまり、イスラームの教えが誤ったかたちで形成されることがないように導くことの重要性が強調される。このようにファタヤットは、神の教えであるイスラームは必ず男性と女性にとって公正であるものの、人間によって理解されるさいに公正にも不公正にもなるため、社会に蔓延《まんえん》する不公正に人々が批判的・自覚的になることが必要であると考える。

二〇一〇~一五年のファタヤットの活動計画では、教育分野から、法・政治、健康・環境、芸術文化、経済、伝道・調査研究にいたるまで幅広い活動が示されている。例えば教育分野では、「強靭《きょうじん》な精神をもち、神の教えを実践し、女性の諸権利を勝ち取るべく闘うことができる次世代の指導者としての女性を育てることを目的とする」教育・訓練を、すべての教育段階でおこなうことや、国内外で勉強できるように奨学金を充実させることが活動内容となっている。[23] 法・政治分野では、暴力の犠牲となる移住労働者・女性・子どものためのシェルター(避難場所)の設置や、女性に不利益をもたらす法・政治に対する批判的な調査研究の実施のほか、女性のための政治教育や女性の参加による家族収入向上プログラムなど、女性のエンパワーメント活動が重視されている。経済分野では、自立・平

[23] Fatayat NU ホームページ。

等・民主主義・社会的公正を基本理念とする共同組合を発展させること、地域社会に根づいた女性の起業グループを発展させることなど、女性の経済力強化に結びつく活動があげられている。最後に、伝道・調査研究の分野では、ジェンダーの視点をもつ伝道の必要性、セミナーや調査研究の成果からえられた批判的で解釈的な宗教思想を普及させる活動などが示されている。

上記の活動計画にもとづき、ファタヤットは社会に対して、またナフダトゥル・ウラマの成員に対して、ジェンダー理解を促進するためのさまざまな活動を展開し、政策・関連法案の策定にも影響を与えている。ここでは、イスラーム思想の普及に強い影響力をもつイスラーム寄宿塾の主宰者とその妻を対象におこなった、ジェンダー・センシティビティに関するトレーニングについて取り上げておきたい。前述したように、イスラーム寄宿塾は草の根的に設立される私立の教育組織であり、主宰者の思想が教育内容や教育方針に深い影響を与える。そのため、キーパーソンである主宰者に直接働きかけ、ジェンダー公正について対話することがもっとも効果的であると考えられている。

ファタヤットはトレーニングのなかで、男女の問題が提起された次頁のような学習教材をもとに対話を進める。例えば、夫と妻の仕事分担が描かれた絵が用意される。右の「夫と妻の仕事分担?」では妻の欄には「家を掃除する、市場へ行く、料理する、洗濯する、

24 Fealy, Greg and Virginia Hooker (eds.), *Voices of Islamin Southeast Asia: A Comtemporary Sourcebook*, Singapore: ISEAS, 2006, pp.296-297.

アイロンをかける、子どもたちの世話をする、夫に奉仕する、床にモップがけをする……」と多くの家事が並ぶ。対して夫の欄は「新聞を読む、ゴミくずを焼く、雨漏りする屋根を修繕する」の三項目となっている。そして、妻が「えっ？　私の仕事はこんなに多いの！」と夫にたずねると、「公平だろ。だって僕が生活の糧を稼いでいるんだから、ね！」と答える設定である。このほか、左の「女性のコドラット？」では煙草を燻《くゆ》らしながらコーヒー片手に新聞を読んでいる男性の後ろで、汚れた食器を洗っている女性がこうつぶやく。「はぁ、本当にこれが女性のコドラットなのかしら！」[24]。

このような学習教材が提示され、それを議論することにより、参加者は、これまであたりまえのように女性の役割とされてきた仕事と男女の役割分担を見直す機会が与えられる。そして、性別にもとづいて社会的に要求される役割を、コドラットという観点ではなくジェンダーの観点から考えることができるようになる。

前述したように、イスラーム寄宿塾の数とそこで学ぶ生徒の数は倍増しており、イスラーム寄宿塾がムスリマの教育にはたす役割は重要性をましている。ムスリマの教育に直接的な影響をおよぼすキーパーソンにジェンダー問題を提

▲ファタヤットのトレーニングで用いられる学習教材　「夫と妻の仕事分担？」(右)と「女性のコドラット？」(左)　出典：Fealy, Greg and Virginia Hooker (eds.), *Voices of Islam in Southeast Asia: A contemporary Sourcebook,* Singapore: ISEAS, 2006, pp.296-297.

起するファタヤットの試みは、今後のムスリマの教育に変化をもたらすものとなるであろう。

次に、ファタヤットのホームページ[25]の相談欄に掲載されている二つの事例をみておきたい。相談の一つは、「なぜ女性はマッカ（メッカ）巡礼のときにマフラム[26]が同伴しないといけないのでしょうか。もしマフラムまたは夫が同伴しなかったらどうなるのでしょうか」というものである。これに対して回答者は、マッカ巡礼の義務をはたすための四つの条件（ムスリムであり、かつ正常な思考ができること、成人であること、巡礼する能力があること）を説明したうえで、配偶者のある女性の場合は、夫かマフラム、あるいは信頼できる最低三人の女性の同行者が必要とされることが説明されている。つまり、夫やマフラムが同伴しない場合にも解決策があることが示されている。

また別の相談として、首都圏の大学を卒業した女性が、「私は夫から、家事と二人の子どもの子育てをおこなうために仕事をすることを禁じられています。夫は家族の生活の糧に責任をもつのは夫の義務だからといいます。しかし問題は、夫の給料では生活を送るのに精一杯で、いまも賃貸の家に住んでいることです。私は自分の家族が少なくとも自分の家をもてるように働きたくて仕方ありません。家族の生活の糧は夫の義務で、妻が働いてはいけないというのは本当なのでしょうか」と質問している。これに対して回答者は以下

[25] Fatayat NU ホームページ。
[26] イスラーム法によって性交および婚姻が禁じられている異性の近親者。

のように答えている。

夫は妻の保護者であるとするクルアーン女性章第三四節を根拠に、ウラマーたちは、家族の生活の糧は父として夫としての男性の義務であると結論づけています。……ましてや妻が妊娠・出産・子育ての時期にあれば、夫あるいは父は妻と子どもたちの生活の必要を満たすことが義務とされます（クルアーン雌牛章第二三三節）。夫または父によって生活の糧が保障されるということは、妊娠・出産し、授乳するという女性のコドラットを、あわてずよいかたちで落ち着いておこなうことができるという意味が込められています。一方、クルアーン悔悟章第七一節のなかで、アッラーは、信仰深い男性と女性はお互いにとっての守護者であり、よいことを奨励し、悪いことを防ぐようお互いに力を合わせる義務があることを明確にお示しになっています。この章句は、信仰深い夫婦もまたつねにお互いを守り、助け合わなければならないことを示唆しています。預言者の女性の教友たちの多くは働いていました。なかでも預言者の妻であるシティ・ハディジャは、現在の言葉で表現すれば女性実業家あるいは大実業家といってよいほど働き者の女性として知られていました。……男性が女性に生活の糧を与えなければならないというイスラームの教えを、女性が働くことを禁ずるものとして解釈することはできません。……それどころか女性はいくつかの点で働いたほうが望ましいのです。

第一に、女性も一人の人間として、家族そして社会の福利のために最大限に自らの可能性を活用しなければならない神の代理人としての使命をはたすことが求められるからです。第二に、すべての男性が十分な富をもっているわけではないので、女性も家族の生活の糧を満たすためにいつでも夫に協力できるようにしなければなりません。第三に、十分な富をもつ夫であっても、いつなんどき破綻するかわかりません。第四に、女性もいつなんどき、好むと好まざるとにかかわらず、自分自身や子どものために生活の糧をえなければならないときがくるともかぎりません。例えばそれは夫が急死したり、家族の世話をしなくなった場合です。

しかし当然、もし夫婦で働く場合は、いくつかの点を考慮しなければなりません。第一に、家はつねによいかたちで維持され、子どもは信頼できる人の世話が受けられるようにすることです。第二に、夫と妻はお互いに信頼関係を維持しなければなりません。第三に、家族に対しての貢献がどの程度のものであれ、夫も妻もつねに相手を尊敬し敬意を払うことです。

このようにファタヤットは、さまざまな方法を模索しながら、ジェンダーに公正な社会の実現をめざして活動を展開している。

ファミナ・インスティテュートによる改革

最後にファミナ・インスティテュート[27]（以下、ファミナ）についてふれておきたい。ファミナは二〇〇〇年十一月、西ジャワ州チレボン在住の四人のイスラーム寄宿塾関係者、具体的にはフセイン・ムハンマド[28]、アファンディ・モフタル[29]、マルズキ・ワヒド[30]、ファキフディン・アブドゥル・コディール[31]によって結成された。

ファミナは設立当初、チレボン在住で学問に強い意欲をもつイスラーム寄宿塾の卒業生に学習の場を提供するという目的をもっていた。卒業生たちは、コンテクチュアルな方法でキタブ・クニン研究をおこなった。コンテクチュアルな方法とは、キタブ・クニンが執筆された当時の社会的背景、執筆者の人物像、キタブ・クニンがいつどこで執筆されたのかを理解する方法である。同時に、若い世代のイスラーム寄宿塾の主宰者夫妻や宗教教師、実業家・政治家、政府機関の政策決定者を対象に、断食月の宗教学習会、女性や民主主義に関係するイスラーム法学習講座なども提供した。二〇〇一年にはイスラーム寄宿塾をベースにマワル・バルキス女性危機センター[32]を設立している。これらの活動は、宗教書を研究・理解し、公正な社会の実現のために奉仕するという、イスラーム寄宿塾の知的伝統を活かしたものである。

このようにファミナの中心的な活動は、(1)宗教・社会研究、とくにコンテクストを重

[27] 原語表記は Fahmina Institute である。

[28] Husein Muhammad. チレボンにあるイスラーム寄宿塾ダルル・タウヒード・アルジャウィナグンの主宰者。アズハル大学留学経験をもつ。

[29] Affandi Mochtar. チレボンにあるイスラーム寄宿塾ババカン・チワリギン主宰者の家系。マッギル大学で修士号を取得。

[30] Marzuki Wahid. スナン・カリジャガ国立イスラーム宗教大学イスラーム法学部卒業。チレボンにあるイスラーム寄宿塾ババカン・チワリギンやジョグジャカルタにあるイスラーム寄宿塾クラピヤッの卒業生。

[31] Faqihuddin Abdul Kodir. チレボンにあるイスラーム寄宿塾ダルル・タウヒード・アルジャウィナグンの卒業生。シリア・ダマスカス大学卒業。

[32] 原語表記は Mawar Balqis Woman Crisis Center である。

視したキタブ・クニン研究、(2)市民社会の強化、とくに公正・平等の観点から、社会のなかで周縁に追いやられた人々がおかれた状況の改善の二点に集約される。

ファミナはイスラームとジェンダー関連の書籍を数多く出版しているだけでなく、設立者の一人であるフセイン・ムハンマドは、インドネシアにおけるこの分野の第一人者である。彼は、二〇〇七年にイスラーム寄宿塾の卒業生を受け入れる高等教育機関として、ファミナ・イスラーム研究インスティテュート[33]を設立している。

また、ファミナは啓発活動の一環として、広く社会に向けてさまざまな講座を開いている。ここで、二〇〇四年にはじめて開催されて以来、数多くの女性活動家や宗教・社会活動家によって受講されている「イスラームとジェンダー講座」の教科書として編纂された『女性のイスラーム法講座[34]』を具体的にみてみたい。

この本では、インドネシアの女性運動が直面する宗教的な諸問題がテーマとして設定されている。そして、そのテーマを深く考えることができるよう、関連する学術論文が数編ずつ掲載されているのが特徴である。例えば、イスラームの基本概念というテーマでは、イスラームにおける公正や平等といった基本的な概念の理解をうながすとともに、ジェンダー公正の理念がイスラームにおける神の唯一性[35]や神の代理性といった概念と関連性をもっていること、ジェンダー公正をめざす運動は宗教的な使命としてとらえられることが、

33 原語表記は Institut Studi Islam Fahmina である。

34 Muhammad, Husein, Faqifuddin Abdul Kodir, Lies Marcoes Natsir, Marzuki Wahid, *Dawrah Fiqh Perempuan: Modul Kursus Islam dan Gender,* famina Institute, 2006. この本はインドネシア語と英語で出版されており，英語版の書名は，*Dawrah Fiqh Concerning Women: Manual for A Course on Islam and Gender* である。

35 アラビア語でタウヒード。神が唯一であると信じ，それを表明すること。

クルアーンやハディース、イスラーム法とともに示される。さらに具体的な事例として、女子割礼《かつれい》や女性指導者に関する議論、妊娠中絶や女性のアウラット（体の包み隠す部分）、一夫多妻婚をめぐる議論など、現代インドネシアのコンテクストを踏まえながら、それらの諸問題が議論できるように構成されている。

このようにファミナの活動からは、学術研究をとおしてイスラーム諸学をより深く学び、そしてそれを現代インドネシアのコンテクストのなかで再解釈しようとする積極的な姿勢が読み取れる。また、社会活動をとおして現実に起こっている社会的不公正の改善につとめている。そこには、借り物ではなくインドネシアに根づくイスラームのあり方を模索する姿がある。

改革の動向と行く末

二十世紀初頭から現在にいたる一世紀の間に、静かではあるが着実でダイナミックな変化がインドネシアのイスラーム女子教育の世界に起こっている。ムスリマが教育を受ける権利を獲得してから一世紀の間に着実に女子教育は発展した。

女性の高貴性を高らかに主張するイスラームは多くのムスリマに自信を与え、学問を重視するイスラームはムスリマの教育の機会を拡大する原動力になってきた。教育をとおして伝達される女性としての規範はともすれば女性の活動範囲を狭め、男女の性役割を固定化させる危険性をはらむものでもある。しかし、男女の平等性はイスラームの教えの基本であり、男女の役割分担はあれ、女性に対する差別はイスラームに内在するものではない。インドネシアのムスリマたちは、歴史的な偏見を修正し、新たな解釈を生み出そうとしている。

参考文献

大形里美「インドネシアの女性運動とジェンダーの主流化――女性NGOの果たした役割」（田村慶子・織田由紀子編著『東南アジアのNGOとジェンダー』明石書店、二〇〇四年）
小林寧子『インドネシア――展開するイスラーム』（南山大学学術叢書）名古屋大学出版会、二〇〇八年
小林寧子「インドネシアにおけるイスラーム法学理論革新の試み――「イスラーム法集成（KHI）対案」の方法論を中心に」（『アジア経済』第四八巻第一〇号、二〇〇七年）
戸田金一「インドネシア教育史」（梅根悟監修・世界教育史研究会編『世界教育史大系6　東南アジア教育史』講談社、一九七六年）
中田有紀「インドネシアにおけるイスラーム学習活動の活性化――大学生の関与とそのインパクト」（『アジア経済』第四六巻第一号、二〇〇五年）
西野節男『インドネシアのイスラム教育』勁草書房、一九九〇年
服部美奈「「イスラームと女性」研究の新動向――東南アジア・インドネシアから（海外の新潮流）」（ジェンダー史学会編『ジェンダー史学』第八号、二〇一二年）
服部美奈「インドネシアにおけるイスラーム女子教育とジェンダー」（石川照子・高橋裕子編著『家族と教育』〈ジェンダー史叢書2〉明石書店、二〇一一年）
服部美奈『インドネシアの近代女子教育――イスラーム改革運動のなかの女性』勁草書房、二〇〇一年

服部美奈「四章　プサントレンにおける女子部の発展——伝統の守護者それとも変革者としての女性？」（西野節男・服部美奈編『変貌するインドネシア・イスラーム教育』東洋大学アジア文化研究所・アジア地域研究センター、二〇〇七年）

ムハマッド・ラジャブ（加藤剛訳）『スマトラの村の思い出』めこん、一九八三年

文部科学省科学技術政策研究所「日本の大学教員の女性比率に関する分析」（『文部科学教育通信』第二九三巻、二〇一二年）

ライラ・アフマド（林正雄ほか訳）『イスラームにおける女性とジェンダー——近代論争の歴史的根源』法政大学出版局、二〇〇〇年

Abdullah Nashih Ulwan, *Pedoman Pendidikan Anak dalam Islam,* Vol.1, Semarang: CV ASY-SYIFA, 1993.（原典：Abdullah Nashih Ulwan, *Tarbiyatu'l-Aulad fi'l-Islam*, Kairo: Daru's-Salam Li'th-Thiba'ahwa'n-Nasyrwa't-Tauzi', Third Edition, 1981.）

Azra, Azyumardi, Dina Afrianty, and Robert W. Hefner, Pesantren and Madrasa: Muslim Schools and National Ideals in Indonesia, In Hefner, Robert W. and Muhammad Qasim Zaman (eds.), *Schooling Islam: The Culture and Politics of Modern Muslim Education*, Princeton University Press, 2007.

Bennett, Linda Rae, *Women, Islam and Modernity: Single women, sexuality and reproductive health in contemporary Indonesia,* Routledge (*ASAA, Women in Asia Series*), 2005.

Blackburn, Susan, Bianca J Smith & Siti Syamsiyatun (eds.), *Indonesian Islam in a New Era: How Women Negotiate their Muslim Identities,* Monash University Press Clayton, 2008.

Blackburn, Susan, Has Gender Analysis been Mainstreamed in the Study of Southeast Asian Politics ?, In Devasahayam, Theresa W. (ed.), *Gender Trends in Southeast Asia*: *Women Now, Women in the Future,* Singapore: ISEAS, 2009.

Devasahayam, Theresa W.（ed.）, *Gender Trends in Southeast Asia: Women Now, Women in the Future,* Singapore: ISEAS, 2009.

Doorn-Harder, Pieternella van. *Women Shaping Islam: Reading the Qur'an in Indonesia,* Urbana and Chicago: University of Illinois Press, 2006.

Fealy, Greg and Virginia Hooker（eds.）, *Voices of Islam in Southeast Asia: A Contemporary Sourcebook,* Singapore: ISEAS, 2006.

Feener, R. Michael, *Muslim Legal Thought in Modern Indonesia,* Cambridge University Press, 2007.

Geertz, Clifford, The Javanese Kijaji: The Changing Role of a Cultural Broker, In *Comparative Studies in Society and History,* Vol.2 No.2.（長井信一訳「ジャワのキヤイ Kijaji ——文化的仲介者の変動する役割」〈石田雄・長井信一編『インドネシアの権力構造とイデオロギー』アジア経済研究所、一九六九年〉）

Graham Davies, Sharyn, *Gender Diversity in Indonesia: Sexuality, Islam and Queer selves*（*Routledge Research on Gender in Asia Series*）, Routledge, 2010.

Hasyim, Syafiq, *Understanding Women in Islam: An Indonesian Perspective,* Jakarta: Solstice Publishing, 2006.

Hooker, M. B., *Indonesian Islam: Change through Contemporary Fatāwā*（*ASAA Southeast Asia Publications Series*）, Honolulu: Allen & Unwin and University of Hawai'i Press, 2003.

K. M. Kate O'Shaughnessy, *Gender, State and Social Power in Contemporary Indonesia: Divorce and Marriage Law*（*Routledge Research on Gender in Asia Series*）, Routledge, 2009.

Ikhsanudin, Mohammad Najib, Sri Hidayati（eds.）, *Panduan Pengajaran Fiqh Perempuan di Pesantren,* Yogyakarta: Yayasan Kesejahteraan Fatayat, 2002.

Labai el Yunusi, Zainuddin, *Adaboe'l Fatah*, Padang Panjang: Badezst, 1915.

Lekkerkerker, Meisjesonderwijs, coeducatie en meisjesscholen voor de Inlandsche bevolking in Nederlandsch-Indie, *Kolonial Tijdschrift, Derde Jaargang Tweede Halfjaar,* 1914.

Marcoes-Natsir, Lies. M. & Johan Hendrik Meuleman (eds.), *Wanita Islam Indonesia Dalam Kajian Tekstual dan Kontekstual* (*Kumpulan Makalah Seminar, Seri INIS XVIII*), Jakarta: INIS, 1993.

Marcoes-Natsir, Lies, Marzuki Wahid, Mahrus el-Mawa (ets.), *Peta Gerakan Perempuan Islam Pasca-Orde Baru,* Famina-institute, 2012.

Marhumah, Ema *Konstruksi Sosial Gender di Pesantren: Studi Kuasa Kiai Atas Wacana Perempuan,* Yogyakarta: LKiS, 2011.

Martyn, Elizabeth, *The Women's Movement in Postcolonial Indonesia: Gender and Nation in a New Democracy* (*ASAA, Women in Asia Series*), Routledge, 2010.

Mas'udi, Masdar F., Perempuan di antara Lembaran Kitab Kuning, In Marcoes-Natsir, Lies and Johan Hendrik Meuleman (eds.), *Wanita Islam Indonesia Dalam Kajian Tekstual dan Kontekstual,* Jakarta: INIS, 1993.

Mohamad, Maznah, Politicization of Islam in Indonesia and Malaysia: Women's Rights and Inter-Religious Relations, In Devasahayam, Theresa W. (ed.), *Gender Trends in Southeast Asia: Women Now, Women in the Future,* Singapore: ISEAS, 2009.

Muhammad, Husein, *Fiqh Perempuan: Refleksi Kiai atas Wacana Agama dan Gender*, Yogyakarta: LKiS, 2001.

Muhammad, Husein, *Islam Agama Ramah Perempuan: Pembelaan Kiai Pesantren*, Yogyakarta: LKiS, 2004.

Muhammad, Husein, Faqifuddin Abdul Kodir, Lies Marcoes Natsir, Marzuki Wahid, *Dawrah Fiqh Perempuan: Modul Kursus Islam dan Gender,* famina institute, 2006.

Mulia, Siti Musdah, *Muslimah Reformis: Perempuan Pembaru Keagamaan,* Jakarta: Mizan, 2004.

Mulia, Siti Musdah, *Islam & Inspirasi Kesetaraan Gender,* Kibar Press, 2007.

Nishino Setsuo (ed.), *Mengasuh Santriwati: Peranan Pesantren Sebagai Penjaga Tradis*i, Lembaga Penelitian Kebudayaan Asia Universitas Toyo, 2006.

Nur Hayati, *Strategi Pemberdayaan Perempuan oleh Pusat Studi Wanita (PSW) di Yogyakarta,* Skripsi Fakultas Dakwah Universitas Islam Negeri Sunan Kalijaga Yogyakarta, 2009.

Nurmila, Nina, *Women, Islam and Everyday Life: Renegotiating polygamy in Indonesia (ASAA, Women in Asia Series)*, Routledge, 2009.

Pengoeroes Dinijjah Poeteri Padangpandjang, *Boekoe Peringatan 15 Tahoen Dinijjah School Poeteri Padangpandjang,* Padangpandjang: Pengoeroes Dinijjah Poeteri Padangpandjang, 1939.

Robinson, Kathryn, *Gender, Islam and Democracy in Indonesia (ASAA, Women in Asia Series)*, Routledge, 2009.

Romli, Mohamad Guntur, *Muslim Feminis: Polemik Kemunduran dan Kebangkitan Islam,* Freedom Institute, 2010.

Siti Syamsiyatun, Women negotiating feminism and Islamism: the experiences of Nasyiatul Aisyiah 1985–2005, In Blackburn, Susan., Bianca J Smith & Siti Syamsiyatun (eds.), *Indonesian Islam in a New Era: How Women Negotiate their Muslim Identities,* Monash University Press Clayton, 2008.

Steenbrink, Karel, *Madrasah, Pesantren dan Sekolah: Pendidikan Islam dalam Kurun Modern*, Jakarta: LP3ES, 1986.

Suad Joseph (ed.), *Encyclopedia of Women & Islamic Cultures* (*Volume I–VI, Brill, 2003–2007*).

Van Bruinessen, Martin, *Kitab Kuning: Pesantren dan Tarekat,* MIZAN, 1995.

Van Wichelen, Sonja, *Religion, Politics and Gender in Indonesia: Disputing the Muslim body* (*Routledge Research on Gender in Asia Series*), Routledge, 2010.

Zaini, Syahminan, *Arti Anak Bagi Seorang Muslim*, Surabaya: al-ikhlas, 1982.

本書の各章の執筆にあたっては、以下の既発表論文の一部を適宜修正・加筆したものを部分的に用いた。

序章
服部美奈「「イスラームと女性」研究の新動向――東南アジア・インドネシアから（海外の新潮流）」（ジェンダー史学会編『ジェンダー史学』第８号，2012年，97～104頁）
第２章
服部美奈『インドネシアの近代女子教育――イスラーム改革運動のなかの女性』勁草書房，2001年
第３章
服部美奈「インドネシアにおけるイスラーム女子教育とジェンダー」（石川照子・高橋裕子編著『家族と教育』〈ジェンダー史叢書２〉明石書店，2011年，188～205頁）
服部美奈「４章　プサントレンにおける女子部の発展――伝統の守護者それとも変革者としての女性？」（西野節男・服部美奈編『変貌するインドネシア・イスラーム教育』東洋大学アジア文化研究所・アジア地域研究センター，2007年，95～120頁）
第４章
服部美奈，同上書，2007年

図版出典一覧

著者撮影　カバー表・裏, *9*左上, *9*右上, *9*中左, *9*中右, *9*下, *12*, *15*上, *15*下, *18*上, *18*下, *45*, *55*左上, *55*左下, *57*上, *57*下
Nining Tresnaningsih提供　*25*
Titiek Suliyati提供　*55*右, *67*
Fealy, Greg and Virginia Hooker (eds.), *Voices of Islam in Southeast Asia: A contemporary Sourcebook*, Singapore: ISEAS, 2006, pp.296-297.　*93*左, *93*右

服部美奈（はっとり　みな）

1964年生まれ。

名古屋大学教育学部卒業。

同大学院教育学研究科博士後期課程満期退学。博士（教育学）。

現在，名古屋大学大学院教育発達科学研究科教授。

主要著書：『インドネシアの近代女子教育――イスラーム改革運動のなかの女性』（勁草書房 2001），『アジアの教員――変貌する役割と専門職への挑戦』（共編著，ジアース教育新社 2012），『アジアのムスリムと近代 2――1920-30年代の世界情勢とマレー世界』（NIHU Program Islamic area studies, SIAS working paper series 22，上智大学アジア文化研究所・上智大学イスラーム研究センター 2014）

イスラームを知る20
ムスリマを育《そだ》てる　インドネシアの女子《じょし》教育《きょういく》

2015年８月５日　1版1刷印刷
2015年８月10日　1版1刷発行

著者：服部《はっとり》美奈《みな》

監修：NIHU（人間文化研究機構）プログラム
イスラーム地域研究

発行者：野澤伸平

発行所：株式会社 山川出版社

〒101-0047　東京都千代田区内神田１-13-13
電話　03-3293-8131（営業）8134（編集）
http://www.yamakawa.co.jp/
振替 00120-9-43993

印刷所：株式会社 プロスト

製本所：株式会社 ブロケード

装幀者：菊地信義

 ISBN978-4-634-47480-2